COMO
SER RICO

ANDY STANLEY

COMO SER RICO

NÃO É O QUE VOCÊ TEM.
É O QUE VOCÊ FAZ
COM O QUE TEM.

EDITORA VIDA
Rua Conde de Sarzedas, 246 – Liberdade
CEP 01512-070 – São Paulo, SP
Tel.: 0 xx 11 2618 7000
atendimento@editoravida.com.br
www.editoravida.com.br

Editor responsável: Marcelo Smargiasse
Editor assistente: Gisele Romão da Cruz Santiago
Tradução: Jurandy Bravo
Revisão de tradução: Sônia Freire Lula Almeida
Revisão de provas: Josemar de Souza Pinto
Projeto gráfico e diagramação: Claudia Fatel Lino
Capa: Arte Peniel

© 2013, Andy Stanley
Publicado originalmente nos EUA com o título
How to Be Rich: It's not What You Have.
It's What You Do With What You Have
Copyright da edição brasileira © 2015, Editora Vida
Edição publicada com autorização contratual de
The Zondervan Corporation L.L.C., uma divisão
de HarperCollins Christian Publishing, Inc.

∎

*Todos os direitos desta tradução em língua
portuguesa reservados por Editora Vida.*

PROIBIDA A REPRODUÇÃO POR QUAISQUER MEIOS,
SALVO EM BREVES CITAÇÕES, COM INDICAÇÃO DA FONTE.

∎

Scripture quotations taken from *Bíblia Sagrada,
Nova Versão Internacional, NVI* ®.
Copyright © 1993, 2000 by International Bible
Society ®. Used by permission IBS-STL U.S.
All rights reserved worldwide.
Edição publicada por Editora Vida,
salvo indicação em contrário.

Todas as citações bíblicas e de terceiros foram
adaptadas segundo o Acordo Ortográfico da
Língua Portuguesa, assinado em 1990,
em vigor desde janeiro de 2009.

1. edição: out. 2015
1ª reimp.: maio 2017

Dados Internacionais de Catalogação na Publicação (CIP)
(Câmara Brasileira do Livro, SP, Brasil)

Stanley, Andy
    Como ser rico : não é o que você tem : é o que faz com o que tem / Andy Stanley ; [tradução Jurandy Bravo]. -- São Paulo : Editora Vida, 2015.

    Título original: *How to Be Rich : It's not What You Have : It's What You Do With What You Have*
    ISBN 978-85-383-0321-3

    1. Generosidade - Aspectos religiosos - Cristianismo I. Título.

15-05288   CDD-241.4

Índice para catálogo sistemático:
1. Generosidade : Aspectos religioso : Cristianismo 241.4

Para Howard Bowen.
Você sabe, com certeza.

CONTEÚDO

página

9   Agradecimentos

11   Introdução

19   *Capítulo 1*   O momento é de comemoração

35   *Capítulo 2*   Curva de aprendizado

55   *Capítulo 3*   Pressuposto de consumo

67   *Capítulo 4*   Planejando com antecedência

81   *Capítulo 5*   Lucro maior

97   *Capítulo 6*   O mito da propriedade

111   *Capítulo 7*   Pode acontecer de novo

121   Conclusão

AGRADECIMENTOS

Nenhum livro é produto de um esforço individual. Sem dúvida, este não é exceção. *Como ser rico* reflete a percepção, a criatividade, as habilidades de edição e redação de uma equipe talentosa de pessoas que tenho o privilégio de chamar de amigas. Para começar, gostaria de agradecer a Craig Groeschel por me incentivar a dar forma de livro a este conteúdo. Sinceramente, não sei se teria acontecido se ele não me ameaçasse a publicar minhas ideias no nome dele. Obrigado, Craig!

Do ponto de vista criativo e de conteúdo da equação, meu amigo de longa data Ben Ortlip merece muito mais crédito do que uma frase ou duas é capaz de oferecer. Suas ilustrações e ideias tornaram este livro muito melhor e mais acessível do que eu jamais conseguiria sozinho. Obrigado, Ben!

Do ponto de vista da produção, este projeto jamais cruzaria a linha de chegada sem o trabalho incansável de Suzy Gray. Mais uma vez, quando eu quis dá-lo por *concluído*, Suzy quis que ele fosse *melhor*. Suzy, obrigado por sua atenção aos detalhes. Obrigado por ler e reler e reler os originais.

A John Raymond, da Zondervan, obrigado pelo entusiasmo expresso desde o início pelo conteúdo do livro. Obrigado por usar da sua influência para nos ajudar a levar esta mensagem ao coração dos que creem ao redor do mundo.

Livros sempre refletem algo da jornada de vida do autor. Este com certeza não é diferente. Ser generoso sempre foi fácil para mim. Basicamente, graças a como fui criado. Ser generoso em família tem sido ainda mais fácil por causa da pessoa com quem me casei. Toda vez que sugiro fazer alguma maluquice em termos de generosidade, Sandra sorri e diz: "É isso que amo em você". É também o que amo nela.

INTRODUÇÃO

Como a maioria dos jovens, cresci esperando ficar R-I-C-O. Não podre de rico. Não rico de ter jatinho. Apenas rico o suficiente para conseguir fazer o que quisesse quando bem entendesse, sem me preocupar com quanto custaria. Sabe, medianamente rico. Minha estratégia inicial para chegar a *rico* foi ser uma estrela do *rock* e "viver em casas no alto da colina e dirigir 15 carros".[1] Por isso, aprendi sozinho a tocar guitarra e piano, reuni uns poucos amigos do colégio e comecei uma banda. Não tinha dúvida de que estava a caminho de fama e fortuna. Na verdade, não me importava nem um pouco com a parte da fama. Desde o início me convencera de que é melhor ser rico que famoso. Pagaria, de bom grado, o preço do anonimato.

Bem, como você pode imaginar, meus pais não se entusiasmaram muito com a profissão que escolhi. Meu pai principalmente. Quando as pessoas me perguntavam o que pretendia ser quando crescesse, ele me olhava de um jeito todo seu e respondia em meu lugar: "Andy ainda não se decidiu".

Desnecessário dizer que a história de astro do *rock* não deu certo. Se a música *country* fizesse tanto sucesso na década de 1970 quanto agora, talvez eu tivesse tido uma chance. E, para ser franco, "Às vezes, quando toco minha velha guitarra, penso em você, me pergunto o que deu errado".[2]

Sigamos em frente.

---

[1] NICKELBACK, Rockstar. Tradução livre do verso "live in hilltop houses drivin' fifteen cars.
[2] ADAMS, Bryan, Summer of '69. Tradução livre do verso "Sometimes when I play that old six-string, I think about you, wonder what went wrong".

Uma vez aceito o fato de que não tinha as aptidões necessárias para a música, fui obrigado a inventar outro esquema para ficar rico. Foi quando me ocorreu – o ministério! Vou ser pastor! Afinal de contas, pastores têm montes de dinheiro.

Ora, mesmo que isso seja verdade até certo ponto, na época eu nunca ouvira falar de um pregador rico. Como você talvez já saiba, meu pai é pastor. Meus pais nunca foram donos da própria casa até eu chegar ao ensino médio. Antes disso morávamos em uma casa da igreja, cedida para o uso do pastor e sua família. Parte do pacote de benefícios, ela "vinha com o emprego". Mais ou menos como acontece com o presidente dos Estados Unidos. Exceto que tínhamos de aparar o gramado. E, ao contrário da primeira família, precisávamos conseguir permissão para redecorar, pintar ou reformar o que fosse. Afinal de contas, a casa não era nossa. Era a "casa do povo". Do povo da igreja. E povo de igreja sabe ser meticuloso com o que se faz com a casa dele, o que é compreensível. Naquele tempo, os pastores não ficavam mais de três ou quatro anos. Portanto, não havia razão para fazer montes de alterações dispendiosas para alguém que não ficaria por muito tempo.

Tudo isso para dizer que a ideia de ficar rico sendo pastor jamais me ocorreu. Como disse, nunca conheci um pregador rico. Com certeza não éramos ricos. Pelo menos, não como eu sonhava. Sempre tivemos o suficiente. Mas ser rico é ter *mais* que o suficiente. Tínhamos o necessário. Mas ser rico é ter mais do que se necessita. Ser rico tem a ver com extra, adicional. Não é?

Quando estava na quinta série, morávamos em uma cidadezinha na Flórida em que meu pai era pastor da Primeira Igreja Batista. A casa da igreja ficava em um bairro típico de classe média de cidade pequena. Nada a ver com classe média afluente. Apenas média. Em uma tarde, meu pai me pediu para acompanhá-lo enquanto ele levava nossa "secretária" para casa. Sim, tínhamos uma "secretária". Na época nós a chamávamos de ajudante doméstica.

E ela não via problema algum nisso. Na verdade, orgulhava-se. Era a ajudante doméstica do pastor, e fazia questão de contar para todas as amigas de profissão. Costumava vir trabalhar de carro. Naquela tarde em particular, contudo, seu carro estava na oficina, de modo que a tivemos de levar para casa.

Acontece que eu nunca pusera os pés na área da cidade em que ela morava. As casas eram pequenas, a maioria dos quintais, de terra batida, e havia lixo por toda parte. Ainda me lembro de me sentir incomodado. Chegando ao destino, nossa ajudante nos convidou para entrar. Lembro-me de ter pensado: *Não quero entrar aí.* Por alguma razão, não entramos mesmo. Na volta, achei grande a casa em que morávamos. Nosso quintal tinha um aspecto limpo e todas as árvores podadas. Até nosso carro parecia excelente em comparação com o que eu vira no bairro da nossa ajudante.

Na época em que vivíamos nessa mesma casa, um amigo da igreja veio brincar comigo. Chamava-se Bruce. Ainda me lembro de Bruce parado na cozinha, olhando ao redor e dizendo: "Andy, sua casa é tão grande. Você é rico?". Fiquei muito constrangido. Rico? Não éramos ricos. E nossa casa não era grande. Tinha um tamanho normal. Mas naquela noite, quando levamos Bruce para casa, entendi. Em comparação com a casa dele, nossa casa era grande. Em comparação, tenho certeza de que parecíamos ricos para Bruce. Por Deus, em comparação, *éramos* ricos.

E aí está o problema, certo?

Rico é o outro. Rica é aquela outra família. Rico não é só ter a mais. Rico é ter tanto excesso quanto a pessoa que possui mais que você. Rico é ter mais do que você no momento. Sendo esse o caso, você pode ser rico e não *saber*. Pode ser rico e não *sentir*. Pode ser rico e não agir de acordo. E esse é o problema. Na verdade, é o motivo pelo qual escrevi este livro.

Se você comprou este livro com o próprio dinheiro, ou poderia tê-lo feito se quisesse, está muito mais à frente no jogo financeiro do que talvez imagine. E, se tiver dificuldade para imaginá-lo, não se preocupe. Nos próximos sete capítulos, farei o possível para o convencer de que, na verdade, você é alguém que *tem*, não que *não tem*. Melhor ainda, lançarei mão de todo o meu arsenal de persuasão para o convencer de que você é rico. Depois de o convencer disso, eu o conduzirei por uma curta passagem do Novo Testamento que nos instrui, a nós — gente rica — como ser bons nisso. Porque, como você está prestes a descobrir, presumindo que ainda não o tenha notado, a maioria das pessoas ricas não é tão boa assim nesse negócio. Talvez você faça parte desse grupo.

Embora para mim esta seja uma publicação nova, a mensagem não tem nada de novo. Todo outono, nos últimos sete anos, apresento-me diante das nossas igrejas da área de Atlanta e digo às pessoas que elas se incluem entre os que *têm*, embora ajam como se *não tivessem*. E que Deus e eu não estamos felizes com isso! Está bem, não é exatamente assim que me expresso. Mas sou conhecido por ter uma ousadia que incomoda os ouvintes ao tratar desse assunto em especial.

A jornada das nossas igrejas começou com uma série de mensagens que preguei em 2007 intitulada *Como ser rico*. Duas coisas a motivaram. Primeira, as mensagens incessantes da nossa cultura sobre como ficar rico quando, na verdade, a maioria de nós já se tornou rico há muito tempo e ninguém nos contou. Segunda, as instruções de Paulo a Timóteo a respeito de como os cristãos ricos devem se comportar. Depois de estudar a passagem correspondente, restou-me a constatação de que muitos cristãos ricos não são muito bons em ser ricos. Foi então que me ocorreu: ora, claro que não. Ninguém os ensinou a ser! Por isso, durante quase quatro semanas, conduzi nossa comunidade ao longo dos termos e das condições estabelecidas nas instruções de Paulo aos ricos.

Essa série de mensagens resultou em conversas altamente saudáveis. Por isso dei continuidade, no ano seguinte, com uma mensagem sobre o mesmo assunto, combinada com uma campanha de generosidade de um mês de duração, dirigida a nossas comunidades locais. Avisei nossos congregantes que praticaríamos como ser ricos até, se a sorte nos sorrisse, que nos tornássemos bons nisso. A campanha incluía o objetivo de fazer uma doação generosa até o fim de semana. A maior parte aconteceu naquele mesmo dia. Além de apoio financeiro a instituições de caridade locais e internacionais, pedimos que doassem duas ou três horas de seu tempo, ao longo de um mês, atuando como voluntários nas instituições escolhidas para receberem os fundos arrecadados. Por falar nisso, nenhuma delas nos pediu dinheiro. É isso que torna tão divertida a campanha denominada *Seja rico*.

Nos bastidores, uma equipe composta por funcionários da igreja e de voluntários foi até nossas comunidades locais para descobrir instituições de caridade que estivessem fazendo diferença mensurável em sua área de atuação, mas que pudessem fazer bom uso de um pouco de vento em suas velas. Portanto, imagine a surpresa que tiveram poucas semanas depois quando um punhado do nosso pessoal bateu a suas portas munido de cheques. Na maioria dos casos, cheques vultosos. Inesperados. E imagine a reação causada poucas semanas depois quando iniciamos nossos cultos com um vídeo da equipe e dos voluntários nessas grandes instituições de caridade recebendo a doação surpresa. Não ficou um olho seco. Súbita e simultaneamente, todos os presentes experimentaram a verdade das palavras de Jesus de que, de fato, mais bem-aventurado é dar do que receber.

No outono de 2012, desafiei nossas igrejas a contribuir com 1,5 milhão de dólares para a iniciativa de doação *Seja rico*. Deram 5,2 milhões. Em uma semana. Por nossa vez, doamos 100% desse valor. Sem custo de transporte ou manuseio. Sem despesas de operação de nenhum tipo. Demos tudo. Além disso, nossos congregantes ofereceram 34 mil horas de trabalho em instituições de caridade locais que dependem de voluntários. E, como se já não bastasse tudo isso, recolhemos 20.332 caixas de sapatos para a Operação de Natal da Samaritan's Purse — a maior coleta que já receberam de uma igreja local. Muito bom para um ensaio de como ser rico.

Estou me vangloriando? Por Deus, sim! Tenho tanto orgulho das nossas igrejas que fico com os olhos marejados só de pensar na diferença que fizeram e continuam a fazer. Dois meses atrás minha filha, Allie, e eu visitamos nosso parceiro internacional em San Salvador, La Casa de Mi Padre [A casa do meu pai], um lar para crianças que não podem morar com a família por várias razões de partir o coração. Gary Powell, diretor executivo, apanhou-nos no aeroporto e perguntou: "O que acharam da minha caminhonete?". Antes que eu tivesse chance de responder, ele sorriu e disse: "É uma caminhonete *Seja rico*. Obrigado". Enquanto estivemos naquele lugar, passamos horas com uma equipe de construção local trabalhando em um grande muro de retenção no fundo da propriedade. Quando estávamos de partida, Gary se aproximou e disse: "Esse é um muro *Seja rico*. Diga 'obrigado' a seu pessoal". Ao visitar o lar de crianças, Gary me apresentou ao mais novo empregado, um terapeuta licenciado para atuar com casais e famílias. Precisavam desesperadamente desse tipo de profissional a fim de tentar restabelecer o vínculo das crianças com a família. Deixávamos o consultório quando Gary sorriu e disse: "Obrigado ao *Seja rico*. Obrigado".

Muito bem. Sei que você e sua igreja já estão realizando coisas incríveis na comunidade e no mundo que a rodeia. Presumo que você também teria histórias para contar. Meu propósito ao escrever este livro não é substituir ou melhorar nada do que você esteja fazendo no momento. Meu objetivo é criar uma ferramenta que fomente a discussão e a reflexão sobre o que fazer com o que temos. Jesus não poderia ter sido mais claro a respeito desta questão.

Introdução

O que importa não é o que você tem. É o que você *faz* com o que tem que contará a seu favor ou contra você no Reino dos céus.

Só para que fique claro: não sou um filantropo. Embora me preocupe com os pobres, a questão da pobreza local ou global não me faz perder o sono à noite. Preocupa-me a situação das crianças. Mas não estou engajado na missão de fazer que todos os órfãos existentes no mundo sejam adotados por lares cristãos. Embora, como você, com certeza deseje que isso aconteça. Minha paixão, e um dos principais motivos pelos quais quero que esta mensagem chegue a suas mãos, é minha preocupação com a reputação e com o posicionamento cultural da igreja local. Quero que você me ajude a atrelar novamente a igreja a demonstrações de compaixão e generosidade irrefutáveis, desconcertantes, capazes de transformar nossa cultura. Porque, como discutiremos no capítulo 7, a generosidade era a marca registrada da igreja primitiva. Ela agia em prol de quem não podia dar nada em troca, ou que simplesmente não o faria, mesmo podendo. Isso era novidade. Isso chamou a atenção das pessoas. No fim, mudou e moldou a consciência moral do Ocidente.

Para isso acontecer, contudo, deve haver várias mudanças em nosso modo de pensar. E uma dessas mudanças está relacionada a nossa definição de *rico*.

Portanto, aqui vamos nós...

Capítulo 1
O MOMENTO É DE COMEMORAÇÃO

> *Nunca se é rico ou magro demais.*
> WALLIS SIMPSON, duquesa de Windsor

Quando levaram o paciente até ele, a situação parecia grave. Era visível que a "senhorita A", como era chamada pelos periódicos médicos, estava muito mal. Sua capacidade motora fora reduzida a tremores quase incontroláveis — o tipo de movimento que indica a proximidade do fim. Na confusa mistura de sintomas, a família chegou a suspeitar de tuberculose ou de uma doença no sangue. Ela tinha a aparência menos de uma paciente em tratamento e mais de um cadáver descartado no hospital municipal. Apresentava as faces fundas e a pele como um tecido grosso de algodão a envolver um fóssil. A ideia de que esse médico pudesse salvá-la era uma aposta contrária ao bom senso. A possibilidade de que se recuperasse por completo, simplesmente inconcebível.

O pulso da senhorita A estava incrivelmente baixo, na marca das 46 batidas por minuto apenas, e sua respiração era fraca demais. No entanto, havia nela uma energia nervosa que sugeria níveis bastante elevados de hormônio. Não fazia sentido. A função de seus órgãos, sua urina e seu apetite estavam todos normais. Mas era evidente que ela estava morrendo.

Em 1866, ainda nem se sonhava com a medicina moderna. Não existia tomografia nem ressonância magnética, nem hemogramas ou medição dos níveis endócrinos. A prática da medicina era pouco mais que um catálogo de experimentos bárbaros. Técnicas comuns incluíam sangrias, injeções de ópio, eletrochoques e enemas de terebintina. Esses procedimentos grotescos costumavam ser o último prego do caixão de quem se encontrava fragilizado por febre ou por infecção. As enfermidades eram a principal causa de morte, seguidas de perto pelos métodos experimentais desenvolvidos para tratá-las.

Contudo, a senhorita A fora levada à presença de *sir* William Gull. E ele não era como os outros médicos da época. Privilegiava a observação à ação. Era lento para tratar e rápido em se importar com o paciente. Embora lhe fossem atribuídos diversos avanços da medicina, sua maior habilidade era a perspicácia ao lado do leito do enfermo.

Talvez a experiência com as epidemias de então — cólera, tifo e varíola — tenham ensinado Gull a procurar mais fundo a causa de uma doença, além dos sintomas. Ele era um solucionador holístico de problemas. E o desafio proposto pelo caso da senhorita A não lhe exigiria menor habilidade.

A maioria dos médicos a teria entregado à morte ou transformado em um espécime humano de laboratório, talvez cauterizando-lhe a espinha para estimular a cura ou injetando preparados desenvolvidos para matar tudo, menos a paciente. Gull, por sua vez, não se deixava embriagar pelas práticas temerárias da época. "Tratamos pessoas, não enfermidades", ele lembraria a seus alunos. Acreditava que muitos casos se resolveriam por si sós se os médicos não se intrometessem demais. Certa vez, quando lhe levaram uma senhora com uma rara doença de pele, ele se limitou a colocar um extrato das feridas da mulher sob a lente de um microscópio, mostrá-lo à paciente e assegurar-lhe que se recuperaria. Foi o único tratamento que prescreveu. E funcionou.

Gull não considerava sinal de incompetência admitir que lhe faltava a resposta para determinado problema. "Os tolos e os bárbaros explicam; os homens sábios investigam" era um de seus ditados favoritos. Assim, sempre que não tinha certeza, recorria aos procedimentos básicos de enfermagem, ao mesmo tempo que continuava a observar. Certa vez escreveu: "Familiarize-se com as causas que levaram à enfermidade. Não as adivinhe, mas conheça-as de fio a pavio se puder; e, se não as conhecer, tenha consciência disso e investigue mais ainda".

Só mergulhando na experiência do paciente, Gull conseguia descobrir o que outras pessoas deixavam passar. O caso da senhorita A viria a ser um exemplo perfeito dessa dedicação. Durante dois anos ele supervisionou seu tratamento, cuidando dela metodicamente para reconduzi-la à plena saúde com uma dieta de remédios. Pouco a pouco, ela recuperou as forças. E, pouco a pouco, Gull adquiriu a convicção necessária para dar um nome à enfermidade que quase custara a vida da senhorita A.

Depois de atenta consideração, ele vaticinou: *anorexia nervosa*.

Isso mesmo. Anorexia. *Sir* William Gull descobrira uma das doenças mais enigmáticas do século XX — mais de cem anos antes de sua explosão. Deu-lhe o nome que ainda hoje assombra as manchetes. E, sozinho, tratou com sucesso dezenas de casos — senhorita B, senhora C e assim por diante — revertendo a devastação e devolvendo-as à vida normal. Gull documentou cada caso com riqueza de detalhes. E aprofundou nosso entendimento sobre essa doença incapacitante que não apresentava praticamente nenhum fator clínico capaz de ser tratado por uma equipe médica.

A anorexia foi uma das primeiras enfermidades psicológicas produzidas pela cultura industrializada moderna e tornou-se uma das mais duradouras. "É extraordinário", escreveu um dos colegas de Gull, "que uma enfermidade não reconhecida por ninguém antes de Gull estabelecer-lhe a existência e características tenha desde então sido constatada não só neste país e no continente, mas também nos Estados Unidos e na Austrália".

A anorexia pertence a uma classe de doenças que ataca o corpo, apesar de só existir nos recessos ocultos do cérebro — um invasor invisível promovendo destruição mais do que visível. Não se trata de um agente estranho como um vírus, bactéria ou célula cancerígena, e sim de uma ilusão sinistra que sequestra a mente e a programa para destruir o organismo do próprio hospedeiro.

RECEITA PARA A DECEPÇÃO

Em retrospecto, o diagnóstico extraordinário de Gull faz todo sentido. A anorexia é uma ilusão irracional da mente — subproduto das pressões sociais da época. Ao longo do século XIX, pouco a pouco as civilizações foram se afastando de seus fundamentos agrários. As cidades se tornaram cada vez maiores. As culturas foram se consolidando enquanto as pessoas compartilhavam das mesmas construções e liam os mesmos jornais. Normas sociais se estabeleceram em escala nunca vista até então. Revistas de estilo de vida começaram a cobrir as comunidades, propagando códigos de conduta e regras de conformidade não escritos. Por volta de 1850, o número de periódicos britânicos disparou para mais de 100 mil, e o uso de gravuras fez das pinturas e dos desenhos parte regular da experiência literária. Pela primeira vez na história da humanidade, foi possível tomar qualquer ideia e promovê-la em escala maciça, gráfica. A era do megavendedor ambulante havia começado.

Graças à industrialização, tudo também passou a ser maior. Bens básicos se converteram em indústrias enormes. Fontes de notícias se transformaram em mídia de massa. Grandes fábricas geravam produtos. A era do mercado que atendia a necessidades havia terminado. Para fazer girar a enorme oferta de bens manufaturados, as indústrias precisavam fabricar um nível de demanda também enorme. E um dos conceitos que começaram a promover foi a imagem do corpo ideal. Os espartilhos entraram na moda. E a moda passou a ser imperativa. A importância de ter silhueta de ampulheta era enfatizada pelas mulheres de todas as partes.

Sempre que alguma coisa é difundida com exagero na cultura, ela se propaga feito uma onda. E outras coisas também caem no exagero.

O corpo ideal do século XIX podia ser considerado tudo, menos magro. Ele era roliço e bem delineado. Mas o espartilho deu uma direção completamente nova a essas características. Para acentuar o aspecto encorpado que todo mundo desejava, o espartilho de amarrar era projetado para encolher a cintura, dando a todas as outras partes do corpo uma aparência volumosa. A princípio, tratava-se sobretudo de uma ilusão de óptica. Mas o costume evoluiu até se transformar em tendência com ramificações muito reais. Para se manter em pé de igualdade com as rivais, as mulheres começaram a pedir espartilhos cada vez mais apertados. A moda então diminuiu ainda mais o padrão. Com o tempo, elas foram empurrando tudo para os lados e treinando a região do diafragma para alcançar reduções incríveis na cintura. Em seu auge, o padrão de cintura "atraente" significava alguma coisa abaixo dos 50 centímetros. Não era incomum que a cintura de uma mulher chegasse aos 40 ou 45 centímetros após meses de treino. Muitas aprenderam a respirar usando apenas a porção superior dos pulmões, o que fazia que a parte inferior se enchesse de muco e causasse tosse persistente.

As implicações do espartilho para a saúde foram motivo de sério debate. Era um assunto preocupante, da mesma forma que o controle das armas ou o *deficit* é discutido hoje. Tinha até um título: "A controvérsia do espartilho". Os jornais viviam cheios de editoriais defendendo ambos os lados. O volume de artigos assinados sobre o tema atingiu seu apogeu em 1860 — mais ou menos na época em que a senhorita A começou a travar sua luta. Se os opositores chamavam o espartilho de forma de opressão, muitos dos defensores mais ferrenhos eram as mulheres que os usavam. "Não há uma só mulher elegante que não use um espartilho", escreveu uma delas. Outra disse: "Sair sem meu espartilho? Nunca. Eu seria incapaz de tamanho desleixo. Acho que uma mulher sem espartilho é pouco apresentável.

Não se pode parecer elegante e ter uma bela figura sem espartilho. É impraticável".[1]

No meio desse discurso social, a jovem senhorita A desenvolvia sua visão de mundo e aprendia como ele funciona — explorando o significado da vida e descobrindo como se encaixar. Sem dúvida, deve ter ponderado essas coisas no auge da controvérsia do espartilho.

Sob o peso dessa pressão social, a senhorita A considerou as implicações de ser elegante *versus* sentir-se confortável. E talvez, como várias outras, concluiu que o risco de não corresponder à definição de beleza da sociedade era grande demais.

Um mito comum relacionado com a anorexia sustenta que, quando a pessoa se olha no espelho, vê uma pessoa gorda. Essa descrição não é muito precisa. O que veem é alguém que ficaria melhor só um pouco mais magra. Para a senhorita A, é provável que isso significasse apertar o espartilho mais 1 ou 2 centímetros, objetivo que evidentemente alcançou diversas vezes ao voltar para a frente do espelho e receber o mesmo *feedback* em cada uma delas. A cintura fina é um ideal abstrato, difícil de definir e impossível de atingir de imediato. Em algum momento, no caso da senhorita A, tornou-se uma busca irracional, imensurável e inatingível.

De algum modo, a vida em uma cultura civilizada e industrializada compromete o pensamento racional. Povos agrários parecem não lutar tanto contra esse tipo de coisa. É mais fácil manter suas prioridades em perspectiva quando elas giram em torno de elementos tangíveis de sobrevivência — como a próxima refeição. Quanto mais rico você é, no entanto, mais suas prioridades vão se distanciando do que de fato você precisa. Mesmo quando todas as nossas necessidades básicas são satisfeitas, nosso apetite de progresso não diminui. Apenas nos desviamos das coisas de que *precisamos*

---

[1] ACLAND, T. D. (Ed.). *A Collection of the Public Writings of William Withey Gull*. London: New Sydenham Society, 1896. v. 2. Digitalizado por Princeton University, 24 nov. 2008.

para as que *desejamos*. E esse é o momento em que entramos no mundo do subjetivo. Os *desejos* são mais difíceis de definir. E mais fáceis de confundir.

Hoje, nos Estados Unidos, há mais de 8 milhões de casos de anorexia. Não é segredo para ninguém que a ênfase da nossa cultura na imagem corporal tem um papel enorme nisso. Vivemos em uma cultura que nos encoraja a ser magros. No momento da história mundial em que desfrutamos do mais abundante suprimento de comida, o número de pessoas que se mata de fome por vontade própria só faz crescer. A mente humana é uma coisa poderosa, embora frágil.

Para os anoréxicos, a ironia está em que eles já dominaram aquilo que se esforçam tanto para conseguir. Já são muito bons em perder peso. Mas são muito ruins em saber quando parar. Para eles, o objetivo tem importância secundária. Estão de tal modo absortos no esforço de *emagrecer* que não reconhecem mais que já *são* magros.

O POVO MAIS RICO DA HISTÓRIA

Os anoréxicos não são os únicos à deriva no mundo da subjetividade. Nossa cultura civilizada e industrializada convida o restante de nós a comprometer o pensamento racional de outra maneira. Não só nos encoraja a ser magros, como também a ser ricos. E, quanto mais ricos nos tornamos como nação, mais nossas prioridades parecem se apartar daquilo de que precisamos de verdade. Nossas necessidades básicas foram satisfeitas há muito tempo, mas nossa fome de progresso nem começou a diminuir. Quando olhamos no espelho, enxergamos versões distorcidas do que de fato está refletido nele.

Estamos de tal modo absortos no esforço de *ficar* ricos que não reconhecemos mais quando *somos* ricos.

E a verdade é que já somos ricos. Não importa que patamar você ocupa na economia, vivemos na era mais rica do país mais rico da História. Na verdade, se consegue ler este texto, automaticamente você é rico segundo os padrões globais. Não porque consegue ler e ter acesso a livros, mas porque lhe é concedida a liberdade individual para fazê-lo, sem falar no tempo dedicado à tarefa. Não é assim em toda parte. E com certeza não tem sido esse o caso ao longo da História.

> Se consegue ler este texto, automaticamente você é rico segundo os padrões globais.

Por exemplo, em nossa presente cultura ocidental, adotamos a semana de trabalho de cinco dias. Pense no que isso significa. A maioria das pessoas tem de trabalhar apenas cinco dias a fim de receber o equivalente a sete em alimentação, moradia, vestuário e cuidados médicos. Subestimamos o valor disso. Mas essa condição é exclusiva na História. E isso nem vale para toda parte. Mais ainda, há famílias compostas por três, quatro ou mais pessoas que mandam só uma para trabalhar e ganhar dinheiro. Com os proventos dessa única pessoa, a família inteira consegue acumular dinheiro suficiente em cinco dias para lhes garantir comida e abrigo por sete. Em diversas culturas isso é inconcebível. Sem contar o trabalho, restam pelo menos 50 horas por semana de lazer. A maioria das pessoas no mundo quando muito imagina esse tipo de luxo.

Contudo, sejamos sinceros. Esses exemplos não provam de verdade que você é rico. Só servem para o convencer de que não é pobre. Meu palpite: você é muito mais rico do que se dá conta. Apenas não é essa a sensação que experimenta. Portanto, deixe-me apresentar mais alguns cenários para você considerar.

Se eu oferecesse um emprego que paga dois salários mínimos por mês, você se sentiria rico? Acredito que não. É provável que muitas pessoas nem se interessassem por ele. Um salário assim representaria corte no orçamento da maioria das pessoas. Mas para

96% da população mundial dois salários mínimos seriam um aumento significativo.

Talvez tenha havido um tempo em que esse valor pareceu a você muito dinheiro. E deveria mesmo. Na verdade, se recebe mais de 37 mil dólares por ano, você está entre os 4% que ganham mais no mundo! Parabéns! Você pertence ao clube dos 4%. É rico! Imagino que essa constatação surpreendente não o faça abandonar o conforto do sofá para sair dançando pela sala. Pois deveria. Na escala mundial, você não deveria ter problema algum, a não ser um punhado desses problemas de gente rica. Problemas que a maioria dos povos do Planeta adoraria ter. Área de cobertura ruim para o celular? Problema de gente rica. Não consegue decidir aonde ir nas férias? Problema de gente rica. O computador não funciona? A Internet está lenta? O carro apresentou um defeito? O voo atrasou? A Amazon não vende o seu número? Problemas de gente rica, todos eles. Da próxima vez que faltar água no seu bairro, lembre-se de que muita gente, a maioria mulheres, carrega cântaros em cima da cabeça por centenas de metros para conseguir água só para beber e cozinhar. Não são capazes nem de imaginar um lugar em que exista tanta água sobrando a ponto de ser borrifada no jardim de uma casa.

Sente-se culpado? Espero que não. Não é esse o meu propósito. Pelo contrário, espero que nosso tempo juntos deixe você com a sensação de gratidão. A culpa raramente resulta em comportamento positivo. Mas gratidão? Excelentes coisas fluem de um coração grato. Volto ao assunto mais à frente.

Enquanto comparamos coisas, pense o seguinte. O que denominamos "pobreza" hoje teria sido considerado classe média poucas gerações atrás. Em 2000, a família "pobre" média tinha bens e serviços comparáveis com os da classe média da década de 1970: 60% tinha micro-ondas, 50% tinha ar-condicionado, 93% tinha televisão em cores e 60% tinha gravadores de vídeo.

Mais impressionante é a mobilidade da renda dentro da nossa economia. A maioria das famílias não permanece pobre. Nos dezesseis anos analisados por um estudo, 95% das famílias da faixa de renda mais baixa subiram para degraus mais altos da escalada econômica. Considerando uma escalada de cinco degraus, mais de 80% alcançaram os três degraus mais altos, qualificando-se como classe média ou superior. Como observou Michael Cox, um economista do Federal Reserve: "Os ricos talvez tenham ficado um pouco mais ricos, mas os pobres ficaram muito mais ricos".

O Instituto Gallup conduziu uma pesquisa para ver como diferentes grupos socioeconômicos definiam "rico". Não surpreende saber que cada um tinha uma definição diferente — e ninguém achava se enquadrar na classificação. Para todos eles, "rico" era quem tinha mais ou menos o dobro de quem estava definindo a palavra. Ou seja, quando entrevistaram pessoas que ganhavam 30 mil dólares por ano, esse grupo definiu "rico" como alguém que ganha 60 mil. Quando entrevistaram pessoas que ganhavam 50 mil por ano, o número mágico foi 100 mil.

De igual modo, a revista *Money* perguntou a seus leitores de quanto dinheiro precisariam para que se sentissem ricos. De acordo com o leitor médio da revista, uma pessoa necessitaria de 5 milhões em recursos líquidos para ser considerada rica. Baseados na tendência descoberta pela pesquisa Gallup, os leitores da revista *Money* provavelmente estavam na média dos 2,5 milhões de patrimônio líquido (metade da definição que deram para "rico"). Portanto, se pedíssemos a donos de 5 milhões para definir "rico", é provável que dissessem 10 milhões. E assim por diante.

A moral da história? "Rico" é um alvo relativo. Não importa quanto dinheiro tenhamos ou ganhemos, é provável que nunca nos consideremos ricos. O maior desafio que enfrentam os ricos é terem perdido a capacidade de reconhecer que são ricos.

O momento é de comemoração

> "Rico" é um alvo relativo. Não importa quanto dinheiro tenhamos ou ganhemos, é provável que nunca nos consideremos ricos.

Tolos, esses ricos.

Espere aí; a faxineira acaba de avisar que o pessoal da jardinagem deixou pegadas de barro em volta da piscina.

UMA TEORIA DA RELATIVIDADE

Sofremos do dilema de Maslow. Com certeza você se lembra de Abraham Maslow e sua "hierarquia das necessidades". Não? Maslow usou a pirâmide para explicar um fenômeno que todos experimentamos. Em essência, disse que nossas necessidades estão sempre mudando, conforme as circunstâncias. Seu modelo começa por baixo, com o que todos concordamos serem necessidades básicas, e avança até o topo, chegando a itens de luxo — ao menos para quem ainda não os tem.

Assim, eis o dilema. Como sugere o modelo de Maslow, não importa onde estejamos na pirâmide, sempre queremos algo *mais*. Quando você está com fome e sede, *mais* quer dizer só comida e água. Compreensível, claro. No entanto, uma vez alimentado e hidratado, *mais* se torna em segurança, o que também é razoável. A partir do momento em que você se convence de que as fronteiras estão bem guardadas e de que há paz na terra, *mais* muda de novo, e suas necessidades emocionais ocupam seu foco — coisas como amor, aceitação e senso de pertencimento — que nem tinham ocorrido a você quando sentia fome. Assim que estivermos de posse de tudo isso, ansiaremos por realização, senso de propósito e autorrealização — *mais*. Por instinto, tendemos a nos orientar em direção ao progresso.

Esse impulso perpétuo não nos dá descanso.

Surpreendemo-nos querendo *mais* dentro de cada um dos estágios de Maslow também. Mesmo quando encontramos uma fonte de alimento, é questão de tempo até que as pessoas procurem maneiras de aprimorá-la. Não importa quão bons nos tornamos nisso, sempre damos um jeito de acalentar a ideia de que talvez sejamos capazes de fazer um pouco melhor. Se você já comprou um carro, ou vendeu uma casa, ou comercializou ações, ou escolheu uma garota para o baile de formatura, consegue se identificar com o que estou dizendo.

Não importa onde você está na jornada "maslowiana", a tendência é pensar mais no que está à frente e menos no que ficou para trás. É da natureza humana. Enquanto estiver *subindo* na pirâmide, seu foco se manterá no que você *não* tem, o que significa dizer que sua consciência é menor daquilo que *de fato* tem. Só quando a vida nos volta na outra direção, olhamos para trás e percebemos o que já tínhamos o tempo todo.

DA POBREZA À RIQUEZA

Como mencionei na introdução, meu propósito ao escrever este livro é ajudar os seguidores de Jesus a ser ricos melhores. Mesmo que você não esteja convencido da própria riqueza, provavelmente espera ficar rico. E se um dia admitir que, na verdade, já cruzou essa linha imaginária, quero que seja bom nisso. Afinal de contas, a maioria dos ricos não é. Para início de conversa, não são muito bons em permanecer ricos. De alguma forma, isso sempre nos surpreende. Presumimos que gente rica é inteligente. Ou não seria rica, certo? Então, quando encontramos pessoas mais ricas do que nós, costumamos concluir que são mais inteligentes também. Quando falam, ouvimos com mais atenção. Damos um peso maior a suas opiniões. E, em se tratando de tomada de decisões, os pontos de vista delas recebem consideração especial. No entanto, mais rico não quer dizer mais inteligente.

O momento é de comemoração

Quando as pessoas ficam ricas de repente, quase nunca são boas nisso. Talvez seja falta de prática. Montes de atletas profissionais ficam ricos de uma hora para outra e costumam ser terríveis nisso. De acordo com a *Sports Illustrated*, impressionantes 78% dos jogadores da Liga Nacional de Futebol Americano (NFL, em inglês) se descobrem falidos ou debaixo de grande pressão financeira dois anos depois de se aposentarem. E 60% dos jogadores da Associação Nacional de Basquetebol (NBA, em inglês) quebram em até cinco anos depois de deixarem as quadras.

Como pode acontecer uma coisa dessa? Nós, meros mortais, pensamos: *Se fosse eu no lugar deles, jamais permitiria que isso acontecesse.* Não são só os atletas. Um estudo com ganhadores de loterias demonstrou que quase metade gasta o prêmio inteiro em cinco anos. Cinco anos! Enquanto alguns ricos são ruins em guardar seu dinheiro, quase todos são ruins em demonstrar generosidade com ele. Estudos mostram que quanto mais rico se é, menor a porcentagem de dinheiro que se doa. Nos Estados Unidos, pessoas que estão na faixa média de renda (por volta de 50 mil dólares anuais) doam cerca de 6% do que ganham para instituições de caridade. Não é tão ruim. Agora, se quem ganha na média consegue ser assim generoso, não faria sentido que pessoas mais ricas dessem um porcentual ainda maior? Não é o que acontece. Quando se olha para o grupo que ganha na faixa dos 200 mil anuais, o nível de doação cai para 4%. Em vez de dar mais, eles dão menos. Quanto mais se sobe nessa escala, menor a porcentagem. Apenas mais uma evidência de que a maior parte dos ricos não é muito boa em ser rica. Como você sabe, existe um excesso de livros que ensinam as pessoas a *ficar* ricas. Estatisticamente, no entanto, esse não é o nosso problema. Em escala global, já somos ricos. O que precisamos é de instruções sobre como *ser* rico agora que tantos de nós chegamos lá. Instruções que um punhado de gente rica parece ter descoberto sozinho.

> *Quanto mais rico se é, menor a porcentagem de dinheiro que se doa.*

Aposto que você conhece alguns ricos que são bons nesse negócio de ser ricos. Sabem ser generosos. Têm ideia de como tomar conta do próprio dinheiro sem perdê-lo. Não se deixam dominar por pensamentos fantasiosos. Em vez disso, parecem ter qualidades que o dinheiro não pode comprar. Na verdade, ao mesmo tempo que possuem muito dinheiro, é evidente que o dinheiro não os possui. E isso parece animador, não?

Como eles fazem isso? Vou dar uma pista: ser bom em ser rico começa encarando-se uma realidade que bem poucos se sentem à vontade para reconhecer. E, iguais à senhorita A, incapaz de enxergar e encarar a realidade de que já era magra, quando evitamos a verdade, metemo-nos em confusão. Bom em ser rico é quem está disposto a admitir que de fato é rico. Enquanto não relaxar diante da realidade de que você *é* rico, ser bom nisso nunca se tornará um propósito na sua vida. Em vez disso, gastará a maior parte do tempo e da sua energia tentando cruzar uma linha de chegada que provavelmente já cruzou dezenas de milhares de dólares atrás.

Mas, ei, não estou pressionando ninguém. Este é só o primeiro capítulo. Além do mais, você não está sozinho. Todos lutamos com a diferença entre *tornar-se* e *ser* rico, mas alguns travam uma batalha maior que outros nessa área.

Capítulo 2
CURVA DE APRENDIZADO

> A riqueza é como a como a água do mar; quanto mais bebemos, mais sentimos sede.
> ARTHUR SCHOPENHAUER

Ser bom em ser rico é uma habilidade que se adquire. Requer aprendizado. Prática. Disciplina. Como os filhos, a riqueza não vem com manual de instruções. Ter montes de dinheiro não o torna bom em ser rico mais do que ter montes de filhos o torna bom em ser pai. Uma coisa não é consequência da outra. Pense na questão da seguinte forma. Se você pegasse a fome de riqueza da nação e sua consequente falta de definição e a aplicasse aos filhos, todo mundo tentaria dar à luz tantos filhos e filhas quanto possível, sem pensar muito — ou nem um pouco — em como criá-los. Todos já vimos pais assim. Não é uma boa estratégia para criar filhos, tampouco para ser rico.

Em parte alguma a lacuna entre *ser rico* e *ser bom em ser rico* é mais evidente do que no caso da fortuna herdada. Nosso país é o lar de uma subcultura crescente de famílias despudoradamente ricas. Dizem que vivemos a era mais rica da História; dados do Federal Reserve mostram que em 2000 o número de famílias com patrimônio de 100 milhões de dólares ou mais era 7 mil. Hoje esse número se aproxima dos 20 mil. Famílias com patrimônio de 10 milhões ou mais — donas do que os analistas financeiros chamam com muita graça de "fortunas nível júnior" — hoje chegam quase a 1 milhão. O 1% mais rico da população norte-americana ganha mais do que a renda nacional da França ou da Itália. Pense nisso. E a cada ano milhares dessas pessoas de sangue azul transferem propriedades para as próximas gerações... Herdeiros que não fizeram coisa alguma para acumular nada... Gente cuja única qualificação é o sobrenome! É o equivalente financeiro de se amarrar alguém dentro de um carro de corrida da Fórmula Indy para a primeira aula de direção — durante uma corrida.

Nessa classe especial de pessoas, a quantidade de dinheiro que passa de uma geração para a outra só faz crescer. O centro de pesquisa em fortuna e filantropia da Faculdade de Boston relatou que, ao longo de um período de cinco anos encerrado em 2007, as heranças foram 50% maiores do que nos cinco anos anteriores. Cinquenta por cento. As questões envolvidas nesse fenômeno são tão importantes que produziram uma indústria inteira de especialistas na matéria para lidar com a riqueza de gerações. Empresas com nomes como Wealthbridge Partners, Family Wealth Alliance e Relative Solutions têm se tornado pontos de encontro de pais cujo maior receio é que seus filhos se tornem os próximos herdeiros descontrolados a estrelar um vídeo viral no YouTube. Essas empresas chamam seu desafio coletivo de "Síndrome da criança rica".

Sei o que você está pensando neste exato momento: *Adoraria ter esse problema*. Aguente firme; voltaremos a ele dentro de uma ou duas páginas.

Desde a época dos primeiros aristocratas, famílias superricas debatem sobre como preparar os filhos para a riqueza imensa. Quem pode culpá-las? Imagine ser dono de um patrimônio de 100 milhões de dólares ou mais. Composto de todo tipo de bem, aplicado em investimentos diversos. A economia muda o tempo todo. Velhas tecnologias se tornam obsoletas. A maior febre de hoje é o dinossauro de amanhã. E o valor de bens, como matérias-primas e imóveis, flutua bastante também. Se não tomar cuidado, pode-se perder 10 ou 20 milhões de dólares em um único mês. Junte à equação alguns anos ruins, e você pode perder tudo ou até acabar devendo dinheiro. Acontece o tempo todo. Aí você passa a maior parte da vida adulta aprendendo a arte de administrar seu patrimônio de maneira que pelo menos ele se mantenha, se não crescer com regularidade. De fato, não é tão fácil quanto parece. Pergunte a lorde Grantham, de *Downton Abbey*.

Até que, um dia, você se olha no espelho e depara com uma versão mais velha de si mesmo a contemplar você. Fez um bom trabalho com seu patrimônio e conhece muito bem todo o esforço necessário para preservá-lo, sem falar para aumentá-lo. De repente vem a sua mente que o dinheiro terá uma vida mais longa que a sua. Em algum momento, terá de transferir a administração para outra pessoa capaz. E o principal candidato é a criança no quarto todo colorido do fim do corredor. Portanto, como incontáveis pais abastados que o precederam, você dá início, meio sem jeito, ao processo de preparar seu filho para a função. Por quê? Porque sabe que *o simples fato de possuir bens não o torna apto a administrá-los*. São coisas inteiramente diferentes.

> O simples fato de possuir bens não o torna apto a administrá-los.

Um dos maiores complicadores é que pessoas ricas não gostam de falar sobre dinheiro. Não gostam nada. É uma regra não escrita dos super-ricos. Falar sobre dinheiro é considerado autodepreciativo, vulgar até. Explicarei por que em um instante. Mas peça a qualquer integrante de qualquer lista de personalidades mais ricas do mundo para falar sobre seu dinheiro, e é provável que ouça uma recusa à entrevista. Isso é verdade em especial quando a fortuna da pessoa é herdada. Andrew Solomon, herdeiro de uma fortuna da área farmacêutica, explica: "Falar sobre dinheiro faz que as pessoas não o levem a sério quando você tenta falar sobre outras coisas". É como se ao reconhecer que seu dinheiro é importante de alguma forma tornasse você sem importância, um dublê da própria vida. A cauda não só abana o cachorro, como também corre atrás dele.

O dinheiro é importante para as pessoas ricas. Mas as pessoas ricas não querem que o dinheiro seja o que elas têm de mais importante. E, quando se vale centenas de milhões, esse é um desafio enorme. Praticamente a única coisa que se pode fazer é fingir que ele não existe — pelo menos verbalmente. Por conseguinte, a tendência natural é evitar o assunto com todo mundo, incluindo os membros da família. Por isso, os ricos não gostam de falar no assunto. É evidente, isso só aumenta a lacuna entre dinheiro e as instruções sobre como lidar com ele. Portanto, as pessoas que mais precisam conversar sobre dinheiro costumam ser aquelas com menor probabilidade de tê-lo.

Por todos esses motivos, *ser rico* não é o mesmo que *ser bom em ser rico*.

Mas espere.

Não vá pensar que a conversa não tem nada a ver com você.

Sua família talvez não seja dona de 100 milhões de dólares, mas não significa que seu caso seja diferente. Lembre-se, em escala global, você também é rico. E é muito provável que não seja muito melhor em ser rico. Quer esteja entre o 1% mais rico do mundo, quer entre os 4%, você faz parte de uma classe de elite no palco mundial. E, assim como seus pares super-ricos, não há garantias de que tenha aprendido a ser bom nisso.

Falando em termos financeiros, a diferença entre você e Bill Gates é menor do que entre você e a pessoa média que vive fora dos Estados Unidos. Para a maioria, suas contas bancárias são praticamente iguais. Na verdade, anos atrás Bill Gates foi à Índia em uma visita filantrópica. Na periferia de uma grande cidade, passou algum tempo conversando com uma indiana em sua cabana. Por intermédio de um tradutor, discutiram a situação dos cuidados com a saúde e de outras necessidades que seu povo enfrentava. Depois que ele partiu, um jornalista perguntou à mulher se ela se dera conta de que o homem mais rico do mundo acabara de estar em sua casa. Sem nenhuma perturbação, ela observou que todos os visitantes do Ocidente são ricos. A seus olhos, o norte-americano médio é tão rico que ela os enxerga todos iguais.

POSSUIR RIQUEZA E VICE-VERSA

Nunca fui convidado para me juntar a nenhuma das empresas que mencionei antes — aquelas que ajudam famílias a navegar entre obstáculos angustiantes ao lidar com 100 milhões de dólares ou mais. Portanto, não sei o que elas ensinam a seus membros. Mas é bom saber que existem, caso aconteça de um dia eu necessitar desses serviços.

O que sei, no entanto, é que não somos muitos diferentes desse pessoal. Podem não nos considerar ricos, mas sofremos de uma versão própria da síndrome da criança rica. Não somos melhores como ricos moderados do que nossos vizinhos milionários sendo super-ricos. Precisamos adquirir as habilidades administrativas condizentes com nosso nível de riqueza no mundo.

Presumindo que você começa a se sentir à vontade com o fato de que *é rico*, o próximo passo consiste em reconhecer uma dinâmica invisível que afeta toda pessoa rica. Ser bom em ser rico não é só uma questão de decidir o que fazer com o dinheiro. Você também deve se preocupar com o que seu dinheiro está fazendo com você — ou, para ser mais exato, *a* você. Esse deveria ser o ponto de partida de qualquer educação sobre como *ser* rico. O dinheiro causa impacto sobre quem o possui. E esse impacto, por sua vez, altera a maneira pela qual as pessoas enxergam e tratam não só o dinheiro, como também tudo o mais. Tudo. E, já que estamos falando sobre o assunto, *todos* também.

Acrobatas, patinadores e dançarinos profissionais servem de modelo a essa ideia no trabalho que executam. No nível máximo do esporte que praticam, realizam giros e saltos em velocidades e com uma frequência que deixariam uma pessoa comum incapacitada pela vertigem. No entanto, de alguma forma, eles ainda conseguem aterrissagens perfeitas após saltos precisos, ou passar patinando a centímetros apenas da parede da pista a toda velocidade. Mantêm controle perfeito do próprio corpo. Adquirir esses movimentos é o negócio deles. Quando atingem esse alvo, no entanto, os movimentos impactam seu senso de equilíbrio, afetando tudo o mais que realizam. Já imaginou o que é preciso para girar até virar um borrão e em seguida aterrissar sobre os próprios patins depois de uma pirueta tripla? Ou rodopiar pelo chão nas pontas da sapatilha de balé sem voar do palco? Esses atletas treinam para lidar com as influências estonteantes dos movimentos que executam. Aprendem técnicas para ajustar a percepção e para compensar os efeitos gerados quando realizam seus passos. Treinam como "fixar o olhar" de uma maneira que possam manter um ponto de referência. Aprendem a sentir o próprio equilíbrio com os pés em vez de apenas com o ouvido interno. Com o tempo, tornam-se especialistas em neutralizar os fatores que lhes distorcem os sentidos.

O dinheiro também tem um efeito estonteante em quem o possui. E, se você não aprender como dominar esse fator, tudo o mais relacionado ao seu envolvimento com o dinheiro será distorcido e um pouco desequilibrado, o que explica por que tanta gente tropeça e cai quando enriquece de repente. Assim, a primeira parte do aprendizado de como ser rico envolve treinamento semelhante. A chave, já dizia o velho ditado, é possuir dinheiro sem que ele o possua.

Na verdade, um colaborador do Novo Testamento, conhecido como apóstolo Paulo, salienta exatamente essa ideia. Ele foi mentor de um jovem chamado Timóteo. E, de fato, deu-lhe aulas sobre essa matéria. Não porque Timóteo tivesse um grande patrimônio. No entanto, como jovem pastor, estava encarregado de pregar às pessoas em lugares como Éfeso. Nessa época, muitos ricos tinham aderido a Jesus e seus ensinamentos. Igrejas pipocavam em muitas cidades portuárias que margeavam o Mediterrâneo. Cidades que eram epicentros do comércio e da fortuna. Paulo, responsável por plantar várias dessas igrejas, sabia que os ricos enfrentavam desafios únicos ao adotarem a nova cosmovisão apresentada pelo cristianismo. Como hoje, os cristãos de sua época eram vulneráveis aos efeitos estonteantes do dinheiro. Por isso, Paulo tratou de algumas de suas necessidades específicas em uma carta ao jovem apadrinhado. Ele escreveu:

> Ordene aos que são ricos no presente mundo que não sejam arrogantes, nem ponham sua esperança na incerteza da riqueza [...] (1Timóteo 6.17).

Essas 20 palavras estão impregnadas de subentendidos e *insights*. Timóteo tinha consciência disso. Compreendia sua responsabilidade de abrir esse baú do tesouro da informação para as igrejas que visitaria. Nos parágrafos e páginas que seguem, tentarei fazer o mesmo para você.

O DINHEIRO MEXE COM A GENTE

O primeiro ponto explícito nessa mensagem remonta a algo para o que já chamamos a atenção: o dinheiro mexe com as pessoas. Quem é rico tem tendências e propensões que lhe são exclusivas. Essas tendências podem ser atribuídas diretamente à presença da riqueza em sua vida. Quanto mais a pessoa possui, maior seu potencial para adquirir um senso de realidade distorcido e maior a probabilidade de perder o senso de equilíbrio. Assim, Paulo instrui Timóteo a fazer todo o possível para neutralizar os efeitos da riqueza sobre os ricos.

Paulo é bastante específico ao escrever que o dinheiro age de duas formas sobre as pessoas: torna-nos arrogantes e, com o tempo, passa a ser nossa principal fonte de esperança, dando-nos a impressão de que somos autossuficientes. A riqueza tem uma força gravitacional própria. Sempre atrairá aqueles que a possuem em direção a essas duas coisas. É desse modo que ela acaba possuindo seu possuidor. Atravesse um rio, e a corrente tentará arrastar você. Cruze o caminho da riqueza, e será atraído para a arrogância e a ilusão da autossuficiência. A fim de sobreviver ao teste da riqueza — ser bom em ser rico —, é preciso aprender a compensar sua força sinistra e oferecer-lhe resistência.

> O dinheiro nos dá a impressão de que somos autossuficientes.

Desse modo, vamos conversar um pouco sobre a arrogância. Já conheceu algum rico arrogante? Oh, sim. Isso não é difícil de imaginar, certo? A definição de *arrogante* é "ter um senso exagerado do próprio valor". Então é fácil entender por que os ricos se inclinariam nessa direção. Quando seu *patrimônio líquido* é enorme, faz todo sentido que seu *valor próprio* também se torne exagerado. A natureza humana nos diz que nossa identidade é definida por nossos bens. Tudo começou no ensino médio, não foi? Desde cedo aprendemos que somos a soma do que possuímos.

Ei, rapaziada, vocês se lembram de quando tinham um par de tênis novo? Mal podiam esperar para que as pessoas o notassem, embora agissem como se não percebessem que elas já o tinham visto. Lembram-se de como se sentiam melhor consigo mesmos quando ostentavam aquelas duas plataformas de borracha, cadarço, cola e um risco costurado do lado que fazia um ruído? Meninas, vocês se lembram de... Bem, não faço ideia do que vocês se lembram. Mas com certeza lembram de alguma coisa que tinham ou usavam no ensino médio, e que as fazia andar mais endireitadas ou requebrando de um modo um pouco mais visível.

Todos nos lembramos do oposto também. Daquele *carro* que seu pai dirigia. Daquela *casa* à qual você jamais convidaria os amigos. Bem, na verdade, a casa à qual você costumava convidar os amigos até conhecer a casa dos amigos. Então, de fato, a propensão de medir nosso valor pelo valor dos nossos bens começou cedo. E, até certo ponto, nunca nos recuperamos plenamente.

Se você só tem um pouco, tende a se sentir "pouco" e desimportante, comparado com as pessoas mais ricas — ainda mais em uma cultura que dá tanta ênfase a coisas materiais. À medida que seu patrimônio cresce, no entanto, seu senso de autoestima tende a crescer junto. Estranho, não concorda? Não faz o menor sentido.

Não acontece só com a autoestima como um todo. Gente rica tende a se achar superior em cada uma das categorias que compõem a autoestima. Quando se é rico, há uma propensão para se achar mais inteligente, bonito e competente. E as pessoas ao redor costumam reforçar esse mito. Como mencionado, quando as pessoas ricas têm ideias, todo mundo se sente inclinado a considerá-las boas. Tais ideias parecem melhores quando elas as sugerem.

Pelo que parece, o dinheiro altera também o aspecto das pessoas. Você já conheceu alguém, descobriu que essa pessoa era rica e então ela pareceu a você um pouco mais bonita do que na primeira impressão que teve? Ou pelo menos *um pouco menos desinteressante*?

Seja como for, quanto mais rico alguém for, mais atenção lhe dedicaremos. Nossa inclinação é ter um pouco mais de respeito por suas opiniões, pelas decisões que toma e pelos sapatos que usa. Portanto, é de admirar que pessoas com muito dinheiro — rodeadas o tempo todo de gente se humilhando diante de sua superioridade — com o tempo comecem a se achar diferentes das outras? Faz parte.

A MIGRAÇÃO DA ESPERANÇA

Contudo, não é só isso que o dinheiro faz por quem o possui. Nessa mesma passagem, Paulo advertiu Timóteo de uma segunda tendência dos ricos. E ainda pior do que a primeira. De acordo com ele, quando se é rico, há uma propensão natural para que sua esperança migre em direção ao dinheiro. Se você cair nessa armadilha, quanto mais abonado for, mais porá sua esperança no dinheiro.

A princípio, isso pode não dar a impressão de ser um grande problema. Afinal, sempre parece haver maior senso de esperança quando existe uma pilha de dinheiro a sua disposição. Onde tem dinheiro, tem esperança. As coisas são mais promissoras quando se pode pagar as contas, poupar para o futuro e até contar com alguma sobra para dividir. A esperança costuma acompanhar a riqueza. Isso é fato.

No entanto, depositar sua esperança *na* riqueza é diferente. E é aqui que Paulo traça uma linha divisória importante. Uma coisa é ter esperança *e* riqueza ao mesmo tempo, mas outra coisa é ter esperança *nas* riquezas. Quando os bens se tornam a base da sua esperança — a fonte que a nutre —, você caminha em direção a uma ladeira escorregadia.

> Quando os bens se tornam a base da sua esperança — a fonte que a nutre —, você caminha em direção a uma ladeira escorregadia.

Naturalmente, nenhum de nós acredita ser culpado disso. As pessoas em geral presumem que não cruzarão essa linha. Ou que não são ricas o suficiente para se preocuparem com isso, antes de mais nada. Mas, mesmo que só tenha uma conta de poupança básica, um plano de aposentadoria ou uma apólice de seguro — se já pôs em prática os princípios mais básicos do planejamento financeiro —, você está em pé no meio do rio enquanto a corrente o tentar puxar rumo à autossuficiência. Não estou dizendo que não devemos fazer planos envolvendo dinheiro. Só estou dizendo que, quando o fazemos, precisamos compensar o efeito que o dinheiro terá sobre nós.

Anos atrás, havia uma secretária na igreja chamada Ella, fonte de alegria para todos na congregação. Ela tinha um excelente senso de humor que sempre levantava o moral da equipe. Era muito querida pelas crianças da igreja. Ella se dava ao trabalho de cumprimentá-las pelo nome e oferecer-lhes uma bala do pote que mantinha guardado em sua mesa. Era a predileta dos jovens, que faziam questão de chamá-la sempre que a viam nos corredores.

Contudo, houve um ano em que Ella passou por uma transformação. O olhar abatido substituiu o sorriso caloroso. Seu senso de humor desapareceu, e ela adotou uma postura fria nas conversas. As crianças a chamavam nos corredores, na expectativa de ouvir-lhe a resposta entusiástica, mas ela apenas resmungava ou as ignorava por completo. Ralhava com elas pelo barulho que faziam. Transformara-se em nada menos que uma mal-humorada intratável.

Por fim, um garotinho da igreja perguntou à mãe o que havia de errado com Ella. A mãe explicou que depois de mais de trinta anos de empresa, o marido dela fora dispensado faltando onze meses para se aposentar. Perdera o salário, os benefícios e a aposentadoria. Dedicara a vida profissional inteira àquela empresa. E, na iminência de ser recompensado, eles o tinham deixado na mão. Fora um ato desalmado, impiedoso. Mas a situação econômica andava difícil, e inúmeras outras empresas estavam fazendo a mesma coisa.

Ella se sentira traída. Em toda a sua vida, jamais imaginara alguém tratando sua família com tamanha crueldade. Sua cosmovisão se dilacerara. E, com ela, sua fonte de alegria.

Era uma cristã genuína. Mas, sem o perceber, sua esperança migrara para a riqueza. Ela e o marido não eram milionários. Não chegavam nem perto disso. No entanto, à medida que a aposentadoria dele se aproximava, ela começara a contagem regressiva. Ansiava muito por isso. Imaginava-se trabalhando na igreja pelo menos mais uns dez anos. E, com o marido livre para atuar como voluntário também, seus dias prometiam ser ainda mais recompensadores. Juntara uma poupança que lhes permitiria viajar enquanto ainda eram jovens o suficiente para isso. Com o dinheiro da aposentadoria dele, não teriam de se preocupar em passar fome na velhice. O pacote completo compunha uma aposentadoria modesta — não era pedir demais por uma vida de leal serviço à empresa.

Quando o dinheiro desapareceu, a esperança de Ella foi junto. Continuava sendo cristã. Esperava em Cristo para a salvação. Contudo, agora não sabia como esperar mais nada.

Eis o desafio, portanto. Administração e planejamento financeiros são importantes. Supõe-se que sejamos responsáveis com nosso dinheiro. Temos de cuidar de coisas como seguro de vida, poupança e aposentadoria. Só precisamos imaginar um jeito de fazê-lo sem depositar nossa esperança na riqueza.

Para os pobres, isso é fácil. Eles não lutam com o problema de depositar a esperança nas riquezas. Para eles, o dinheiro provou ser uma fonte escassa de esperança. Quando muito, conhecem por experiência a capacidade que ele tem de decepcionar. Aprenderam que o dinheiro acaba. Assim, a menos que você deseje ver o fim também da esperança, é melhor encontrar uma fonte diferente para ela.

O texto de Provérbios 18.11 descreve a migração da esperança do seguinte modo: "A riqueza dos ricos é a sua cidade fortificada, eles a imaginam como um muro que é impossível escalar".

Em outras palavras, os ricos (isso nos inclui, lembre-se) têm potencial para atingir um ponto em que veem o dinheiro como fonte de certeza e segurança. Quando alguém conta com uma boa renda, existe a tendência de se deixar enredar pelo contracheque ou pela conta bancária. Se alguma coisa ameaçar seu modo de vida, basta preencher um cheque ou sacar de um cartão de crédito para neutralizar a ameaça. O que quer que necessite está ao alcance – graças ao dinheiro. Como uma parede alta, o dinheiro forma uma circunferência a seu redor, dando-lhe o poder de gastar para manter o problema sob controle. Alimentação, moradia, transporte, saúde, entretenimento: se a pessoa precisa de alguma coisa, vai e compra. Simples assim. A riqueza lhe permite fazer isso.

O autor de Provérbios observa que, quando as coisas vão bem financeiramente – e experimentamos uma longa série de situações em que, ao necessitar de algo, tudo que precisamos fazer foi pôr a mão na carteira –, nossa esperança tende a migrar. Se repetirmos esse padrão tempo suficiente, formaremos uma associação mental entre esperança e dinheiro. Por fim, começaremos a acreditar que existe uma quantidade de dinheiro grande o suficiente para cuidar de nós pelo resto da vida.

Observe que o autor desse provérbio disse que os ricos "imaginam" um muro impossível de escalar. O muro existe só na imaginação deles. Na realidade, não há quantia de dinheiro capaz de nos proteger de tudo.

> Não há quantia de dinheiro capaz de nos proteger de tudo.

Isso explica por que o impacto do revés financeiro atingiu Ella com tanta violência. Planejar a aposentadoria fora uma atitude sábia de sua parte. Mas havia um defeito fatal em seu modo de pensar. Em algum lugar ao longo do caminho, ela começara a imaginar uma quantia em dinheiro de que necessitaria, bem como o marido, para a aposentadoria. Em sua cabeça, esse dinheiro era a chave para a provisão deles nesse período futuro. Com o tempo, toda a esperança migrara para essa riqueza.

Quanto mais rico você fica, mais fundo cai nessa arapuca. Robert Frank, repórter da CNBC, observou a mesma coisa entre os super-ricos. Em seu livro *Richistan* [Riquistão], Frank analisa famílias que criam civilizações próprias, autossustentáveis e "completas, incluindo sistema de saúde (médicos exclusivos para atendimento do grupo), rede de viagem (propriedade compartilhada de aeronaves, clubes de férias privados), economia separada (aplicações com rendimentos de dois dígitos e inflação de dois dígitos) e língua ('Quem administra sua casa?')".

É interessante notar que, por mais sofisticada que seja sua minicivilização, o super-rico ainda consegue se sentir inseguro. Anos atrás, Sandra e eu jantamos com um casal de bilionários. Sabíamos que eram bilionários porque semanas antes tinham se tornado matéria dos noticiários, ao venderem uma empresa por bilhões de dólares. Enquanto conversávamos, o casal começou a falar sobre todas as ameaças econômicas que enfrentamos hoje. Em um tom muito sério, observaram como a gente tem de tomar muito cuidado com o dinheiro porque são infinitas as maneiras pelas quais é possível perdê-lo. A preocupação deles era sincera. E seu medo, autêntico.

No fim da conversa, Sandra e eu nos entreolhamos e, sem dizer nada, transmitimos um para o outro o que estávamos pensando: *Se os bilionários estão preocupados com dinheiro, então imagine o tamanho dos apuros em que nos encontramos!* Aquele casal tinha razão em uma coisa. Há inúmeras necessidades que nem 1 bilhão de dólares consegue satisfazer.

Você não precisa ser cristão para apoiar esse princípio. Todos já vimos que não funciona contar com o dinheiro para concretizar uma esperança. Como já deve ter visto no comercial da MasterCard, "Tem coisas que o dinheiro não compra". Ele não compra as coisas de valor incalculável da vida. E há momentos em que tampouco compra a esperança. Porque não há quantia em dinheiro capaz de garantir sua esperança em toda e qualquer circunstância.

Portanto, depositar a esperança na riqueza é uma armadilha perigosa. E Jesus sabia tudo acerca dessa ameaça. Por isso, ele tinha mais a dizer sobre dinheiro e bens do que sobre céu e inferno juntos.

O livro de Provérbios vai mais além, pintando o quadro do que pode acontecer quando a nossa esperança migra. Na verdade, o autor do livro conclui que preferiria *não* ser rico para evitar essa ameaça. Diz ele: "[...] não me dês nem pobreza nem riqueza; dá-me apenas o alimento necessário. Se não, tendo demais, eu te negaria e te deixaria, e diria: 'Quem é o SENHOR?' " (Provérbios 30.8,9).

Isso nos leva de volta à advertência de Paulo sobre o potencial que tem a riqueza em desalojar a esperança que deveríamos depositar em Deus. E aqui está o real perigo disso: se permitirmos que nossa esperança migre para a riqueza, começaremos a acumular. Pense no seguinte: quando nossos amigos bilionários começam a enumerar tudo que poderia dar errado, a probabilidade de que sejam generosos é maior ou menor? E de que acumulem bens — só para o caso de algo acontecer? E, como não há quantia em dinheiro capaz de garantir a segurança, eles ficarão presos a esse círculo vicioso pelo resto da vida. Lembre-se, gente rica doa uma porcentagem menor do que gente pobre.

Isso é como *não* ser rico.

NÃO CONFIAREI NA RIQUEZA

A riqueza tem efeitos colaterais bastante poderosos. Se fosse remédio que se compra na farmácia, teria avisos em negrito impressos no rótulo. *Cuidado: pode causar arrogância. Sob o efeito deste remédio, deve-se tomar cuidado extra para não ofender as pessoas. Se utilizado durante períodos prolongados, pode causar danos à percepção, levando o usuário a depositar sua esperança nela.* Se um comercial de TV anunciasse a riqueza, mostraria imagens de pessoas felizes de mãos dadas no parque. Enquanto isso, o anunciante listaria todos os danos que ela pode causar aos rins, o estado de podridão a que pode levar o estômago, a falência repentina do coração e a destruição da vida.

Então o que fazer para contrabalançar esses efeitos colaterais terríveis?

Com alguns remédios, os efeitos colaterais podem ser reduzidos; para isso, é preciso ingeri-los acompanhados de comida, começando com doses pequenas ou combinando-os com outras drogas. No caso da riqueza, os efeitos colaterais podem ser mitigados de maneira semelhante. Não tomando leite, mas exercitando uma rotina particular com regularidade. Paulo explicou isso a Timóteo do seguinte modo:

> Ordene aos que são ricos no presente mundo que não sejam arrogantes, nem ponham sua esperança na incerteza da riqueza, mas em Deus, que de tudo nos provê ricamente, para a nossa satisfação (1Timóteo 6.17).

Percebeu? A maneira de contrabalançar os efeitos colaterais da riqueza... de evitar ser arrogante e depositar a esperança na riqueza... é depositá-la em Deus. Pelo menos, essa é a versão condensada da resposta. Chegaremos ao passo a passo em um instante.

Você não conhece gente boa em agir assim? Tem algumas pessoas ricas que, não importa quanto Deus coloque em seu caminho, nunca parecem depositar sua esperança na própria riqueza. Algumas são ricas da "classe média". Outras são multimilionárias. E há aquelas que só parecem ricas quando comparadas às condições de um país do Terceiro Mundo. Mas, não importa quanto sejam ricas, não confiam na riqueza. Confiam em Deus.

Algo incrível pode ser observado dentro desse grupo de pessoas ricas. Como sua esperança está no Senhor, elas nunca parecem sofrer do primeiro problema citado por Paulo: arrogância. Apesar de ricas, são também humildes e gratas e têm um coração generoso. Não se preocupam se terão o suficiente, ou se a bolsa de valores está ou não prestes a se recuperar, ou se a fusão das empresas dará certo.

Sua esperança está no Senhor. Por isso, mantêm-se firmes em toda circunstância que enfrentam.

Qual o segredo? Como conseguem isso? O que é preciso *fazer* para depositar a esperança em Deus? Quais são os passos?

Veja o que Paulo diz em seguida:

> Ordene-lhes que pratiquem o bem, sejam ricos em boas obras, generosos e prontos a repartir (1Timóteo 6.18).

Aí está. Um passo a passo para impedir a migração da esperança. Se pensar bem no assunto, a obediência a essa ordem definitivamente causaria impacto em todas as coisas. Imagine se cada pessoa rica vivesse segundo essa declaração. Seria difícil ser arrogante se passasse todo o tempo arquitetando coisas "boas" para fazer. E não conseguiria ser "rico em boas obras, generoso e pronto para repartir" se depositasse toda a esperança nas coisas que compartilhasse com tanta liberalidade.

Tenho um axioma simples que resume tudo isso. Gosto de fórmulas porque são fáceis de lembrar e contêm grandes ideias. Está pronto? Aqui vai:

"Não confiarei nas riquezas, mas naquele que provê ricamente".

Vá em frente. Repita em voz alta para si mesmo algumas vezes. Se estiver sozinho dentro de uma Starbucks, ajuste o fone de ouvido *bluetooth* primeiro, e ninguém notará que você está falando sozinho.

Nessa mudança única e simples de mentalidade está a chave para ser bom em ser rico. A riqueza tem efeitos colaterais. E os efeitos colaterais que vêm com a riqueza são justamente o que nos impedem de ser bons em ser ricos. Irônico, não? Quanto mais rico você fica, mais difícil se torna ser bom nisso. Mas, se conseguirmos lidar com a tentação de confiar na riqueza — "Não confiarei nas riquezas" — e, em vez disso, reforçarmos a ideia de confiar em Deus — "naquele que provê ricamente" —, neutralizaremos os efeitos colaterais.

Soa bastante simples. É só repetir a frase umas duas vezes por dia, e pronto — "Não confiarei nas riquezas, mas naquele que provê ricamente".

Contudo, se isso é tudo que se precisa para ser bom em ser rico, por que não há mais gente boa nisso?

Acontece que uma armadilha de vida ou morte faz as pessoas tropeçarem. Como veremos em seguida, ela começa com um pressuposto falso sobre tudo o que você possui.

Capítulo 3
PRESSUPOSTO DE CONSUMO

> Se seus desejos não tiverem fim, tampouco terão seus cuidados e temores.
> Thomas Fuller

Poucos meses após o início da Guerra Civil, uma séria realidade começou a deprimir a psique norte-americana. Antes da guerra, muitos ansiavam de verdade por lutar. Os Estados Unidos tinham sido fundados sobre convicções fortes, e combater por suas crenças parecia nobre e importante. Mas logo ficou evidente que cada lado subestimara o outro e calculara mal o preço a ser pago para solucionar o conflito. Após diversas batalhas importantes e assombrosas perdas de vida, a enormidade da tarefa pairou tanto sobre o Norte quanto sobre o Sul como nuvens escuras. Qualquer vestígio de arrogância cavalheiresca que existisse no início da guerra se afogara havia muito nos rios de sangue a escorrer dos campos de batalha.

Para o presidente Abraham Lincoln, sua responsabilidade em tudo aquilo era óbvia. Os líderes sulistas tinham se separado dos Estados Unidos, roubando na prática metade do país para si mesmos. O trabalho de Lincoln era descer até lá e recuperá-la.

Para executar essa tarefa intimidante, ele começou reunindo um exército capaz de derrotar os rebeldes que agora ocupavam a terra até a Virgínia. Para chefiar seu exército, Lincoln escolheu George B. McClellan, homem de aparência tão funesta e competente quanto o imponente exército do Potomac que ele comandava. Um dos assistentes de Lincoln descreveu McClellan assim:

> Ele é a personificação da saúde e da força, e está no auge da virilidade do início da vida adulta. Seu uniforme é impecável, e

suas estrelas são brilhantes, especialmente a do meio de cada tira. Tem o rosto marcado pela inteligência, pela força de vontade e pela determinação. É também, em certos aspectos, um líder nato de homens. Recebeu admirável educação para tarefas como as que hoje têm sobre os ombros; estudou a ciência e a arte da guerra entre acampamentos, fortes, exércitos e campos de batalhas europeus. Tem amplo espectro de conhecimento técnico jamais adquirido por homem algum em meio a matas, ou campinas, ou tribunais, ou convenções políticas.

Já de saída, McClellan demonstrou um talento extraordinário para pegar homens comuns e transformá-los em um exército. Sua disciplina era uma inspiração inequívoca. Como consequência, quando o enorme exército do Potomac treinava para a batalha no interior da Virgínia, os espectadores costumavam se reunir para testemunhar o espetáculo de pura força. Depois de uma dessas revistas públicas, Julia Ward Howe se sentiu tão inspirada que, de volta a seu quarto de hotel, escreveu a letra do hino "The Battle Hymn of the Republic" [O hino de guerra da República]. McClellan era assim impressionante. Ele tomou a matéria bruta dos voluntários civis e forjou-os em uma legião que superava seu equivalente em quase três para um e cujo equilíbrio e convicção evocavam imagens do exército divino.

Embora o Norte tenha sido derrotado em Bull Run, sob a liderança do predecessor de McClellan, agora ele havia se reagrupado. Sob o comando de McClellan, parecia que enfim dava seu melhor. A máquina de guerra se apresentava revigorada e bobeando um suprimento constante de recursos para as linhas de frente fora de Washington. Do ponto de vista tático, o Norte contou com uma vantagem enorme. À medida que seu poderio militar crescia, a maré foi mudando a seu favor. Entendia-se que, quanto antes o exército da União atacasse, menor resistência enfrentaria. Era essencial ter ímpeto e saber aproveitar a oportunidade. Uma iniciativa decisiva empreendida logo no início poderia impor um fim rápido à guerra. Mas McClellan esperou.

A princípio, sua inação pareceu prudente e estratégica. Durante julho e agosto de 1861, ele compareceu a importantes reuniões com Lincoln e outros líderes militares em Washington. Aguardou o desenrolar dos acontecimentos, coletou informações e criou um plano de batalha tão glorioso quanto seu exército. Agosto deu lugar a setembro, enquanto o exército continuava a se fortalecer. Veio outubro, cheio de manobras e discussões, mas sem uma única ordem de marcha. A janela da oportunidade pouco a pouco se fechava.

Um grupo de senadores visitou a Casa Branca para relatar a preocupação crescente entre os líderes do país. Assim, no final de outubro, Lincoln fez uma visita pessoal a McClellan com o intuito de descobrir para quando poderiam esperar um movimento da parte do comandante. McClellan respondeu requisitando mais homens e equipamento. A despeito do fato de seu exército já suplantar o dos rebeldes em número, ele parecia buscar uma vantagem tão grande que levasse o Sul a se render por mera intimidação.

A estratégia quase pacifista de guerra de McClellan estava em franco contraste com a dos líderes da União que o haviam indicado. Basicamente, irrompeu uma "guerra dentro da guerra" entre McClellan e seus superiores, que se puseram a discutir o senso apropriado de urgência da situação. McClellan se recusava a atacar. O Congresso exigia ação. E Lincoln servia de modelo de paciência e graça, ao mesmo tempo que sua frustração com McClellan crescia. "Não posso avançar sobre [os confederados] com a grande força que eles têm", McClellan argumentou certa vez. Seus críticos, no entanto, enxergavam as coisas de maneira diferente. Um assistente de Lincoln escreveu: "A verdade simples é que nunca houve um momento, durante o comando do exército do general McClellan, em que ele não dispusesse de mais tropas do que saberia utilizar; todavia, vivia sempre, instintivamente, pedindo mais".

Por sua vez, McClellan expressava um senso de responsabilidade pessoal pelo bem-estar das tropas. "O exército do Potomac é o meu exército tanto quanto qualquer exército jamais pertenceu ao homem que o criou", declarou em determinada ocasião. "Digo isso com a seriedade de um general que sente no coração a perda de cada homem valoroso. [...] Já vi uma quantidade excessiva de companheiros mortos e feridos."

McClellan aparentava servir à União. Mas, no fundo, seu senso de responsabilidade pessoal pelo exército pouco a pouco se convertia em senso de propriedade. Ele se sentia intrigado pelo próprio poder. Em carta à esposa, deixou escapar: "Por alguma estranha ação de mágica, pareço ter me tornado o poder da terra. Chego a pensar que, se alcançasse um pequeno sucesso agora, poderia me converter em ditador ou qualquer outra coisa que me contentasse". Um historiador o descreveu como "homem vaidoso e instável, dotado de conhecimento militar considerável, que se sentava bem sobre um cavalo e queria ser presidente". Outro concluiu: "Ele acreditava ser o instrumento escolhido por Deus para salvar a União. Ao perder a coragem de lutar, como acontecia em toda batalha, acreditava estar preservando seu exército para lutar da próxima vez, outro dia melhor e mais apropriado".

Além disso, a coragem de McClellan era questionada no campo de batalha. Os historiadores descrevem "a ausência de McClellan do campo de batalha durante os maiores ataques e uma predisposição para permitir que subordinados tomassem decisões cruciais nos combates".

Ao longo de todo o inverno, a postergação continuou. Dezembro. Janeiro. Fevereiro. Março. Enfim, no mês de abril, ele iniciou uma campanha tímida, fazendo cerco a Yorktown contra um punhado de rebeldes que posava de exército maior. O regimento do Norte excedia em número o do Sul na proporção de dez para um. Mas os rebeldes apareceram com troncos pintados de preto para parecer canhões. Iam de um lado para o outro com o objetivo

de criar a ilusão de múltiplas companhias. Ludibriado por completo, McClellan só fez se acovardar atrás das próprias trincheiras.
Durante o ano de 1862, o padrão só fez se repetir: Washington exigia ação. Mas McClellan comandava com base em seu conjunto de percepções.
A última gota caiu em Antietam. Poderia facilmente ter sido uma vitória esmagadora para o exército de McClellan, não fosse pelo fato de ele reter quase 1/4 das tropas ao longo da batalha, permitindo que os confederados se recuperassem depois de cada avanço ianque. Sua indecisão resultou no dia mais sangrento da guerra.
O belicoso líder Winston Churchill certa vez comentou: "Apesar de suas qualidades como líder, faltou a McClellan um pouco de espírito de luta". No entanto, a História sugere que não foi tanto a falta de coragem que limitou McClellan, mas o fato de se achar imprescindível que o fez perder de vista a causa a que deveria servir.
No meio do fracasso de McClellan, Lincoln visitou o exército acampado perto de Antietam. Acompanhava-o o secretário do estado de Illinois, Ozias M. Hatch, que registrou a cena em vívidos detalhes. "Na manhã seguinte, fui acordado pelo sr. Lincoln. Era muito cedo — a luz do dia começava a surgir no leste — os soldados estavam todos dormindo em suas tendas", escreveu. "Mal se podia ouvir qualquer som, exceto as notas dos pássaros matutinos e vozes nas fazendas distantes. Lincoln me disse: 'Venha, Hatch, quero que me acompanhe em uma caminhada'."
Quando os dois chegaram à clareira, detiveram-se por um instante. O acampamento começava a se agitar. O presidente fixou o olhar deliberadamente ao longo do mar de tendas e, por fim, abarcou todo o cenário com um gesto de mão, como se estivesse pronto para fazer um comentário sem palavras, ou um discurso não verbal do Estado da União. Ao mesmo tempo, inclinou-se na direção de Hatch e, quase em um sussurro, perguntou: "Hatch — Hatch, o que é tudo isso?".

"Ora, sr. Lincoln, este é o exército do Potomac", respondeu o secretário.

Outro momento se passou enquanto Lincoln compunha suas ideias. Então, encheu decidido os pulmões e declarou em voz mais alta: "Não, Hatch, não. Esses são os guarda-costas de McClellan".

De acordo com Hatch, nada mais foi dito. Cada qual retornou para a própria tenda. E, poucas semanas depois, McClellan foi afastado de seu posto.[1]

PENSAMENTO FALHO

McClellan foi um modelo de general, exceto por um detalhe. Adotou um pressuposto simples, mas falso, sobre o exército de homens que liderava: pensou que aquele fosse *seu* exército.

Como consequência, nunca conseguiu servir de fato ao verdadeiro objetivo da guerra. Preocupou-se com muitas coisas, mas, de algum modo, fracassou deixando de se preocupar com o ataque ao inimigo. A despeito de comandar um dos exércitos mais formidáveis já reunidos, serviu a objetivos menos importantes — como a própria sobrevivência. Para um general, McClellan era mais do que rico. Possuía mais do que a maioria dos comandantes jamais conseguiria sonhar. Tinha tudo de que precisava, mas perdeu de vista o motivo pelo qual necessitava de tudo isso.

McClellan não era muito diferente dos ricos norte-americanos hoje. Temos mais do que a maioria dos povos ao redor do mundo em toda a História conseguiriam sonhar. Temos tudo de que necessitamos. Mas perdemos de vista o motivo pelo qual necessitamos de tudo isso.

---

[1] RAFUSE, Ethan S. **Abraham Lincoln and George B. McClellan**. Disponível em: <http://www.abrahamlincolnsclassroom.org/Library/newsletter.asp?ID=129&CRLI=177>. Acesso em: 01 ago. 2014, 08:43:58.

> Temos tudo de que necessitamos.
> Mas perdemos de vista o motivo pelo
> qual necessitamos de tudo isso.

Jesus ensinou a seus seguidores uma definição bem interessante de *ganância*. Disse ele que *ganância* é o pressuposto de que tudo que é depositado nas nossas mãos é para nosso consumo. Brilhante, não? É provável que você conheça pessoas que tiveram montes de coisas nas mãos, mas não foi isso que as fez parecer gananciosas. Tampouco foi o fato de guardarem algumas dessas coisas para elas. O que as denunciou foi darem um passo além e acreditarem que tudo que possuíam era para elas.

A cena em que Jesus ensinou esse conceito está registrada no evangelho de Lucas. Certo dia, quando ele pregava para seus seguidores, de repente começou uma discussão no meio do povo. Uma discussão sobre ganância. Uma pessoa acusava a outra de ganância e vice-versa. Em resposta, Jesus começou a contar uma história:

> [...] A terra de certo homem rico produziu muito (Lucas 12.16).

Até aqui, Jesus poderia muito bem estar descrevendo um norte-americano de classe média dos nossos dias. Eis um sujeito rico que se descobre dono de mais do que precisava. Tivera um bom ano. Talvez tivesse fechado um bom negócio, ou lançado um produto bem-sucedido no mercado, ou aberto uma loja nova no *shopping*. E agora o dinheiro entrava a rodo. Se é assim, o que ele fará com o excedente?

Não se esqueça, Jesus está inventando a história. Ele poderia fazer o sujeito agir como bem entendesse. Ele queria nos levar a pensar nas coisas diferentes que podemos fazer quando nos encontramos na mesma situação. Queria nos ensinar o jeito certo e o errado de reagir se algum dia acontece de nos vermos com mais do que necessitamos. Jesus nos mostrou como ser bom em ser rico. É bastante interessante notar que o homem rico da história de Jesus fez o que muitos de nós fazemos quando temos um bom ano. Jesus prosseguiu:

> "Ele pensou consigo mesmo: 'O que vou fazer? Não tenho onde armazenar minha colheita' " (Lucas 12.17).

Ponha-se no lugar desse homem. Imagine-se naquela manhã de sábado em que você acordou sem um lugar certo aonde ir. Há dinheiro no banco e gasolina no tanque. Por uma fração de segundo, você pensa em como passar o dia. Comprando objetos para casa? No cinema? No seu restaurante favorito? O que fazer hoje? Ou chegou a hora afinal e a restituição do imposto de renda foi depositada na sua conta. Você não estava esperando. O que fazer com ela? Dar um *upgrade* no computador? Trocar o carro? Comprar cortinas novas? Depositar na poupança para o futuro? Jesus continuou:

> "Então disse: 'Já sei o que vou fazer. Vou derrubar os meus celeiros e construir outros maiores, e ali guardarei toda a minha safra e todos os meus bens. E direi a mim mesmo: Você tem grande quantidade de bens, armazenados para muitos anos. Descanse, coma, beba e alegre-se' ." (Lucas 12.18,19).

Ah, mas é claro, Jesus está nos ensinando a poupar. Ou, se o cara da história trabalha com agricultura, talvez Jesus esteja dizendo que deveríamos investir nosso excedente. Possivelmente começar um negócio próprio. Essas com certeza soam como sugestões que esperaríamos ouvir de um mestre sábio.

Então o homem rico da história derrubou seus velhos celeiros e construiu novos. Uma iniciativa tão inteligente que o governo até dará um desconto no imposto se você fizer isso hoje. À primeira vista, parece bastante razoável. Na verdade, engenhoso. Ponto para ele. Tivera um bom ano; então deveria fazer o que todo mundo faz quando os ventos sopram a favor, certo? Saldar dívidas. Aumentar o recolhimento no fundo de aposentadoria. Separar um pouco em uma conta poupança. Talvez até se premiar com roupas novas ou uma TV tela plana, ou trocar o carro velho.

Até aqui, é só uma boa história. Gostamos da premissa e da personagem principal. Sentimo-nos representados por ela em sua sorte. A história tem potencial para ser a comédia romântica do verão. Só estamos esperando Jesus dizer: "E foram felizes para sempre". Mas então as coisas enveredam por um rumo mórbido:

> "Contudo, Deus lhe disse: 'Insensato! Esta mesma noite a sua vida lhe será exigida. Então, quem ficará com o que você preparou?'. Assim acontece com quem guarda para si riquezas, mas não é rico para com Deus". (Lucas 12.20,21)

Doeu. Isso, sim, que é revés. De repente, o sujeito morre. Esse fato deve ter chamado a atenção da plateia de Jesus. Sem dúvida, foi perturbador para alguns. Talvez um pequeno grupo de pessoas na multidão comemorasse em silêncio o desfecho por pura inveja. De qualquer forma, Jesus não estava tentando entreter ninguém. Ele queria ensinar algo. Porque a reviravolta surpreendente na história do homem rico espelha uma surpreendente reviravolta que podemos esperar em nossa história — se deixarmos de atentar para a mensagem de Jesus. Não que morreremos uma noite após ganharmos um aumento. Mas, se só fizermos com nosso dinheiro extra o que o rico fez, haverá um tempo — repentino — em que descobriremos a tolice dos nossos atos.

UMA ESPERANÇA MAIS SEGURA

Como a maioria das coisas que Jesus tinha a dizer, essa parábola representou uma reviravolta monumental no pensamento convencional. Jesus anunciava um novo paradigma para os tempos em que nos descobrimos com algum dinheiro extra.

Sempre que dispomos mais do que necessitamos, nosso pressuposto natural será de que é para consumo próprio. Mas essa mentalidade está errada. E, de um jeito prático, Jesus expôs a falha nesse modo de pensar. Se simplesmente estocarmos para nós mesmos e não formos ricos para com Deus, então tudo que possuímos será um completo desperdício. Em algum momento, todo mundo deixa tudo para trás. Mas, se tirarmos vantagem dos tempos em que temos mais do que precisamos — e fizermos mais do que apenas guardá-lo para nós mesmos —, então podemos nos tornar ricos para com Deus. A implicação é que não será mais um desperdício.

> Em algum momento, todo mundo deixa tudo para trás.

Quando você sobrepõe o ensino de Jesus às ordens de Paulo para os ricos, temos um plano para evitar essa armadilha. Há um conjunto de coisas das quais fugir:

[...] não sejam arrogantes, nem ponham sua esperança na incerteza da riqueza [...].

E um conjunto de coisas a perseguir:

[...] tenham sua esperança [...] em Deus [...] pratiquem o bem, sejam ricos em boas obras, generosos e prontos para repartir.

Para evitar ser arrogante, para impedir a migração da esperança e para se esquivar do pressuposto de que tudo existe para o seu consumo, você deve perseguir uma vida de generosidade. Isso não é só uma coisa boa a fazer. Não é uma dica sobre como ser uma boa pessoa. É uma prevenção contra os efeitos colaterais da riqueza.

Contudo, o que exatamente quer dizer "pratiquem o bem, sejam ricos em boas obras, generosos e prontos para repartir" e ser "rico para com Deus"? Falaremos sobre isso a seguir.

Capítulo 4
PLANEJANDO COM ANTECEDÊNCIA

> Quando tenho dinheiro, livro-me dele o quanto antes, para que não entre no meu coração.
> JOHN WESLEY

Em 1783, Edward Jenner teve uma ideia maluca. Em toda a Europa, a varíola andava à espreita feito um fantasma. Foi uma das maiores causas de morte da época, levando ao fim da vida quase 80% das crianças que a contraíram. Quando corriam notícias de um surto, as famílias aguardavam impotentes para descobrir quem seria a próxima vítima das pústulas mortais, e as mães apartavam, nervosas, seus filhos, tentando protegê-los da exposição.

Jenner, porém, adotou uma abordagem diferente. Ele acreditava que fosse possível tomar providências para deixar as pessoas imunes à doença — indo em direção ao problema em vez de se esconder dele. O folclore inglês falava de ordenhadoras que não pegavam a varíola se já tivessem contraído a chamada "varíola bovina", uma versão mais fraca do vírus transmitida pelo gado. Assim, a ideia de Jenner foi expor as pessoas ao fluido de uma ferida de varíola bovina — de propósito! Como não podia deixar de ser, todos que seguiram o tratamento dele se tornaram aparentemente intocáveis, por mais severo que fosse o surto a sua volta.

Nos relatórios médicos que preparou, Jenner inventou uma nova palavra, *vacina*, baseada na palavra latina *vacca*. Algumas das enfermidades mais perversas do mundo hoje estão sob controle graças ao uso de vacinas — inclusive a gripe. E tudo graças ao trabalho de Jenner.

Para pessoas afluentes hoje em dia, há uma ameaça tão devastadora quanto a varíola dos dias de Jenner. Chama-se *afluenza*.

Como já vimos, ela também é violenta. Causa acessos de arrogância e esperança deslocada crônica. Os sintomas não são sempre óbvios. Propagam-se furtivos na sua vida como uma colônia invisível que passa despercebida enquanto o devora por dentro.

TRÊS *PÊS* EM SEQUÊNCIA

Contudo, como Paulo ensinou, existe um jeito de se imunizar contra a *afluenza*. Por mais rico que você se torne, pode se proteger dos efeitos colaterais negativos da riqueza. O antídoto consiste em outra palavra também proveniente do latim: *generosidade*.

O problema de palavras como *generosidade* é a dificuldade para defini-las, como *rico*, por exemplo. Na verdade, assim como ninguém se considera rico, *todo mundo* se acha generoso. Quero dizer, ninguém pensa ser mesquinho ou ganancioso. *Generoso* é uma dessas palavras abertas à interpretação pessoal. E essa é uma das razões pela qual os ricos são tão ruins em ser ricos. Não há um verdadeiro sistema de medida para isso. É como a disciplina educação física no ensino médio. A nota que permite a você passar de ano está praticamente garantida só por você ter um corpo. Da mesma forma, se você já deu 1 dólar para um sem-teto, ou indicou o caminho para um turista, ou sorriu a um estranho, tem todo o direito de se considerar generoso.

Isso pode ser verdade. Mas não o ajudará a demonstrar o tipo de generosidade que o vacina contra os efeitos colaterais da riqueza. Para isso, necessitamos de algo um pouco mais tangível. Necessitamos de parâmetros a serem seguidos. De princípios a serem observados. De receita médica para saber o que tomar.

Quando se avalia tudo que Jesus ensinou sobre ser generoso, aparecem três temas comuns. Talvez haja mais. Essas três ideias, porém, nos fornecem um grande retrato de como ser generoso e como neutralizar os efeitos colaterais da riqueza. Chamo-as de três *Pês*.

PRIORIDADE

O primeiro P vem de *prioridade*. A chave para a vacinação de Jenner foi aplicar a técnica *antes* que o surto acontecesse. O mesmo vale para a generosidade. Ela não acontecerá, a menos que você faça dela uma *prioridade*. Se esperar até ficar rico, jamais começará, porque os ricos rejeitam a ideia de que são ricos. Por mais rico ou pobre que você seja, a hora de ser generoso é *agora*.

Espere, porém, um pouco; sei o que está pensando. *Agora* quer dizer *em breve*, certo? Você deve estar pensando que, se eu conhecesse de verdade os detalhes da sua situação financeira, nunca o aconselharia a começar a ser generoso. Não faria sentido. Você tem um punhado de questões importantes a resolver primeiro, como sair das dívidas, consertar o carro que está caindo aos pedaços, pagar o aparelho dentário e pôr a conta do celular em dia. Generosidade não é só para gente rica, mas com certeza não é para os duros, certo?

Na verdade, a generosidade não depende nada das finanças. Por mais contraditório que pareça, a generosidade começa onde quer que você esteja. É esse o significado de torná-la uma *prioridade*.

> A generosidade começa onde quer que você esteja.

Prioridades são uma coisa engraçada. Sabemos da importância que têm. *Desejamos* mantê-las em ordem. Mas sempre surge alguma coisa para contestá-las. Coisas importantes. A ideia de bater o pé e dizer não para algo importante é assustadora. Distanciar-se delas requer coragem. E se a recompensa nunca vier? Para manter algo como prioridade, você tem de ser capaz de permanecer no curso, mesmo quando tudo que existe no seu interior grita para seguir em outra direção.

Pense nas vacinas que Jenner aplicou. Tem alguma coisa antinatural em se expor aos elementos de uma enfermidade mortal de propósito. Imagine como os primeiros pacientes de Jenner devem ter se sentido. Desfrutavam de saúde perfeita. Tinham conseguido evitar a doença. Deviam achar que o método utilizado até então para escapar do contágio estava funcionando muitíssimo bem. Por que mudar? Mas, em vez de se aterem a esse plano, Jenner sugeriu que importassem uma amostra contaminada de outra cidade e se infectassem com ela. Tenha isto em mente: na época de Jenner, as vacinações não deixavam apenas seu braço dolorido por alguns dias. Você pegava uma doença completa. Não era a versão mortífera do vírus que causava varíola, mas a varíola bovina também era bastante perversa. E isso porque naquela época não tinham nem Advil. Consegue imaginar a coragem e a percepção da importância daquilo tudo para participar da experiência?

É preciso ter a mesma percepção e coragem para fazer da generosidade sua prioridade. A hora de começar é quando parece fazer menos sentido. Existe uma tendência de pensar que generosidade é para quando se tem dinheiro sobrando, quando se é rico. E, como já dissemos, é provável que você não se considere rico. E, como não é rico, por que haveria de abrir mão do pouco que tem? Isso não significa expor-se a uma enfermidade mortífera quando já se está doente?

Ao fazer da doação uma prioridade, algo acontece no seu interior. Em especial quando fazê-lo representa um desafio financeiro. É como deixar escapar entre os dedos um sistema de valores cujo lema diz: "Dinheiro é a chave para a vida, para a felicidade e para a segurança". Nessa fração de segundo, você rejeita esse modo de pensar em prol de outro que diz: "Minha esperança não está nas riquezas, mas naquele que provê ricamente". E de repente seus olhos começam a se abrir para um sistema de valores que não pode ser mensurado em dólares.

A melhor maneira de fazer da doação uma prioridade é direcionar para ela o primeiro cheque que você assina no mês. Antes da prestação da casa. Antes do supermercado ou das roupas.

Antes da poupança. Sempre que Deus o abençoa com renda, que seu primeiro ato seja um gesto de reconhecimento de onde ela vem. Qualquer que seja a quantia, faça-o antes de qualquer outra coisa. No instante em que tiver disponível o valor nas mãos ou na sua conta bancária. Isso não só assegura que você manterá tal prioridade, como também é um modo simbólico de o lembrar de onde está sua esperança.

PORCENTAGEM

O segundo P se refere a *porcentagem*. No capítulo 1, compartilhei algumas estatísticas para mostrar que, quanto mais rico ficamos, menos damos. Incrível, não é? Quanto mais dinheiro *sobrando* temos, menos o encaramos como sobra. Claro, dizemos a nós mesmos que estamos dando mais porque a quantidade de dólares aumenta. Todavia, em termos de porcentagem, nossa doação na verdade diminui. É quase sinistro como essa tendência interfere em nosso comportamento e arruína nossos esforços de ser bons em sermos ricos.

Se você quer se guardar contra os efeitos colaterais da riqueza, não pode avaliar suas doações em termos de dólares. A porcentagem é um reflexo muito melhor para indicar se você tem o controle sobre o seu dinheiro ou se é ele que o controla.

A cada pessoa foi confiada uma porção nesta vida. Não recebemos todos a mesma quantidade. Portanto, não faz sentido medir generosidade baseado na capacidade de dar determinado número de dólares. Se Warren Buffet der 1.000 dólares para caridade, poderá ter certeza de estar a salvo dos efeitos colaterais da riqueza?

Jesus ensinou esse mesmo princípio a seus discípulos. Naqueles dias, não se passava a sacola da coleta. Havia uma caixa em determinado lugar, em direção à qual as pessoas se dirigiam para depositar suas moedas na frente de todos. Jesus ficou observando uma pessoa atrás da outra se aproximar para ofertar. Tinha diante dele um retrato bastante representativo da comunidade. Havia pessoas ricas que faziam grandes doações e pessoas pobres que depositavam ali o que podiam. Assistindo à cena, Jesus prestou atenção nos ricos. Usavam roupas sofisticadas, aparavam a barba como adolescentes que querem chamar a atenção e desfilavam por todo lado como animais de zoológico. Sem contar que tiravam vantagem das viúvas enquanto isso. Jesus disse que eles "devora[vam] as casas das viúvas" (Lucas 20.47).

De repente, uma viúva idosa aproximou-se da caixa de oferta, mancando, e pôs duas pequenas moedas de cobre ali dentro. Era quase constrangedora a insignificância de sua doação, ainda mais comparada com todas as pessoas bem-sucedidas e prósperas que tinham ido até a caixa antes dela. Era evidente que a mulher vivia em extrema pobreza. Os comentários de Jesus sobre a cena estão registrados no evangelho de Marcos:

> Chamando a si os seus discípulos, Jesus declarou: "Afirmo-lhes que esta viúva pobre colocou na caixa de ofertas mais do que todos os outros. Todos deram do que lhes sobrava; mas ela, da sua pobreza, deu tudo o que possuía para viver" (12.43,44).

Se você ouviu essa história antes, é fácil deixar de perceber o que ela diz sobre doação em porcentagem. À primeira vista, a mensagem é afetuosa e edificante porque Jesus está demonstrando favor a alguém com quem simpatizamos. Há inclusive um grupo de antagonistas na narrativa sendo maldoso com as velhas viúvas (devorando-lhes as casas), ao mesmo tempo que se adornavam e exibiam uns para os outros. Quem não apoiaria a pobre velha nessa história? Ela poderia ser nossa avó. Sentimo-nos bem vendo Jesus, o Filho de Deus, fazendo um reconhecimento público das pessoas aparentemente sem importância.

A concessão emocional da narrativa é o fato de Jesus meio que pender para o lado das velhinhas. Mas a passagem contém ainda um princípio poderoso sobre o ato de doar. É o seguinte: a porcentagem importa mais que a quantia. O princípio financeiro não nos provoca sentimentos afetuosos indistintos como a parte sobre as velhinhas. Mas é igualmente importante.

> A porcentagem importa mais que a quantia.

Essa história nos oferece um dos primeiros retratos das pessoas ricas que não são boas nesse negócio de ser rico. Elas são arrogantes. Sua esperança e preocupação migraram para os bens que possuem. Agem como se tudo que têm fosse para consumo próprio. Os efeitos colaterais da riqueza assumiram o controle. Enquanto isso, a viúva pratica a generosidade com toda a fidelidade.

Afinal, que porcentagem você deveria doar? Digo às pessoas para começarem com 10% porque os autores da Bíblia falam muito sobre o *dízimo*, que quer dizer "a décima parte". Para alguns, isso é desagradável ao extremo. Mas uma colonoscopia também é e salva incontáveis vidas. Depende do quanto você deseja se proteger dos efeitos colaterais da riqueza. Lembre-se, não é só um jeito de ser "bom". É uma prevenção. O mais importante é começar por algum lugar. Mesmo que seja só com 1%.

PROGRESSÃO

O terceiro P significa *progressão*. Se você deseja mesmo guardar-se dos efeitos colaterais da riqueza, não deveria ignorar este item. Adotar a progressão significa nada mais, nada menos, do que, com o tempo, aumentar a porcentagem. Se tem dado os mesmos 10% apesar do incremento da sua renda, aumente para 11%, depois para 12% e assim por diante.

Eis a razão para fazer isso. É mais ou menos como quando uma bactéria ganha resistência aos antibióticos, tornando-os ineficazes. Ao se vacinar contra os efeitos colaterais da riqueza ao longo dos anos, essas prevenções não têm exatamente o mesmo efeito.

Digamos que seu primeiro emprego pague 20 mil dólares por ano. Na condição de um doador que estabelece prioridades e porcentagens, você oferta 2 mil — 10%! É muito dinheiro para alguém que ganha 20 mil. Pense no impacto que deve causar sobre o seu coração. Existe a possibilidade de a arrogância ser um problema nesse cenário? Sua esperança migrará para o dinheiro? Muito difícil que aconteça.

Avance, porém, uma ou duas décadas. Agora você está ganhando 200 mil dólares por ano. As crianças cresceram. A casa está paga. E seu fundo de investimento para a aposentadoria contém uma soma que permitirá que você viva com conforto. Você continua dando 10%, equivalendo a colossais 20 mil dólares por ano. Mas, se você só precisa de 50 mil para viver, isso ainda o deixa com 130 mil excedentes! Em primeiro lugar, meus parabéns! Você tem sido um doador fiel e tem mantido um estilo de vida que concede margem financeira. Quanto aos efeitos colaterais da riqueza, no entanto, você talvez não esteja se saindo tão bem. Há dinheiro demais sobrando a sua volta. Ele é terreno fértil para pequeninos pensamentos arrogantes. E, com tanto dinheiro para jogar em cima de qualquer problema que surja, você pode experimentar a tentação de se esquecer de onde tem depositada a esperança.

A solução? À medida que sua situação financeira mudar ao longo da vida, mude a porcentagem das doações no mesmo ritmo. Ao estabelecer o ajuste inicial para doar 10%, ele logo se torna confortável. Embora o conforto financeiro em geral seja uma coisa boa, também o pode deixar vulnerável aos efeitos colaterais da riqueza. Esse é o momento de aumentar um pouco a dose da vacina. Se a vida inteira você doou o mesmo porcentual, considere a possibilidade de aumentá-lo. Vida não é estagnação. É progressão por natureza. E sua doação também deve ser progressiva.

> Vida não é estagnação.
> É progressão por natureza.
> E sua doação também deve ser progressiva.

A VIDA ANTES DA VACINA

Antes de Jenner introduzir suas vacinas, não existia remédio preventivo para a varíola. Só o que se podia fazer era reagir quando acontecia. Mas Jenner nos deu uma nova opção. Pela primeira vez, podíamos traçar um *plano* para a varíola. Da mesma forma, planejar é a chave para administrar os efeitos colaterais da riqueza.

A generosidade não é só uma prática que você deveria adotar. Trata-se da vacina contra deixar que a esperança migre, contra tornar-se arrogante e, fundamentalmente, contra não ser bom em ser rico. A generosidade não é só algo que você pratica quando tem mais. É um exercício constante para que você saiba o que fazer quando tiver mais. Faz parte de um plano. Não se trata de um simples transbordamento do coração, mas de uma prevenção contra os efeitos colaterais de ser rico.

Na verdade, se você aborda a doação de qualquer outra maneira, ela sempre parecerá pouco natural. Se você não tem razões estratégicas para doar, então só está enveredando por um desvio no caminho para o progresso. E desvios são coisas que deveríamos evitar tanto quanto possível. E, claro, você se sente bem dando alguns dólares a uma causa digna ou a alguém necessitado de vez em quando, da mesma forma que é divertido voltar para casa às vezes pelo caminho mais longo. Mas isso não é ser bom em ser rico.

ESPONTÂNEO, ESPORÁDICO, ESCASSO

Isso explica por que doar é espontâneo para muita gente. Quando seu objetivo é acumular riqueza e evitar perdê-la, você também tende a evitar doar porque dá a sensação de estar perdendo alguma coisa. Mas então você vê um comercial mostrando um punhado de crianças morrendo de fome na África, ou passa por um sem-teto pedindo comida na rua. Em um ato espontâneo, reage com generosidade. Nessas situações ocasionais, qualquer um pode se sentir culpado ou ser coagido a praticar um gesto de bondade. Mas dificilmente isso constitui um plano para manter os efeitos colaterais da riqueza sob controle. Consegue imaginar a adoção da mesma abordagem com a varíola?

Sem um plano, doar é quando muito esporádico. Você doa quando está com espírito de Natal ou quando alguma instituição resolve arrecadar alimentos não perecíveis. A sensação é de generosidade. E está certa. Mas não vale grande coisa para o impedir de resvalar para a arrogância ou depositar a esperança na riqueza.

Sem um plano, doar tende a ser escasso também. Lembre-se, vacinas são coisas que parecem contrárias à intuição. Ninguém acorda um dia e diz: "Ei, acho que vou levar uma picada no braço hoje". Como a maioria dos planos, traz consigo muita resistência embutida a ser superada. Você será bombardeado por impulsos de acumular seu dinheiro, dar menos e só agir com segurança. A menos que esteja seguindo um plano de doação, é provável que perca a maioria das batalhas contra esses impulsos.

Ser generoso não é fácil. Tampouco implica em fazer um voto de pobreza. Significa apenas seguir um plano para manter as doações proporcionais a sua renda e bens.

Paulo nos mandou ser generosos não porque quisesse nosso dinheiro, mas porque não queria que nosso dinheiro nos possuísse. Como já dissemos, generosidade é mais do que o simples gesto de dar alguma coisa. Assim como a riqueza tem efeitos colaterais negativos, *abrir mão da riqueza* tem efeitos colaterais benéficos. A generosidade é o antídoto para os efeitos estonteantes da riqueza.

> Paulo nos mandou ser generosos não porque quisesse nosso dinheiro, mas porque não queria que nosso dinheiro nos possuísse.

Capítulo 5

LUCRO MAIOR

> *Para mudar uma pessoa é necessário mudar a consciência que ela tem de si mesma.*
> — Abraham Maslow

No capítulo anterior, discutimos a importância da generosidade. Sobre esse assunto, tanto Paulo quanto Jesus foram claros o bastante a ponto de incomodar alguns. Os ricos deveriam dar mais do que o resto da população. Os cristãos ricos em particular. Encerramos o capítulo dizendo que *a generosidade é o antídoto para os efeitos estonteantes da riqueza*. É isso mesmo. O problema está em que existe um antídoto para a generosidade extravagante. E até que o identifiquemos e tratemos, podemos festejar a noção de uma generosidade perdulária, mas jamais a adotaremos plenamente como um estilo de vida. Deixe-me explicar.

Adotar o tipo de generosidade que discutimos no capítulo 4 acabará nos forçando a dizer não a nós mesmos. Gente rica não gosta de ouvir não, mesmo quando é ela a dizer não. As duas vantagens fundamentais de ter dinheiro sobrando são a capacidade de comprar coisas que não estavam programadas e o luxo de assegurar o futuro poupando mais dinheiro. O tipo de generosidade de que Jesus fala acaba interferindo nas duas coisas. Há um conflito de vontades. Teremos de dizer não a ele, ou a nós mesmos. Já mencionei que os ricos não gostam de ouvir não? Na verdade, ninguém gosta.

Sempre que ouvir não for problema, significa que há um apetite em jogo. No caso do dinheiro, um apetite por coisas, *status* ou segurança. Verdade seja dita, se adotar a generosidade extravagante, você será forçado a dizer não a seu apetite por *mais* coisas, *mais status* e *mais* segurança. Por falar em *mais*, adoro o que meu amigo Justin Grunewald costuma dizer: "O vocabulário dos apetites só tem uma palavra — MAIS". Verdade, não? Aqui está por quê. E isso tem uma importância extraordinária. Os apetites nunca são plena e cabalmente satisfeitos. Nunca. Podem passar por uma satisfação temporária. Mas, mesmo após a melhor refeição imaginável, acabamos nos pegando remexendo a despensa à procura de um tira-gosto. Anos depois de se mudar para a casa dos sonhos, você acaba dando uma volta de carro por um novo bairro e se perguntando se não chegou a hora de mudar outra vez.

Os apetites não são ruins. Acredito que Deus os criou. Também acredito que o pecado os distorceu. Dão gosto e paixão à vida. Mas são filtros terríveis para a tomada de decisões. Não acho que exagero dizendo que as respostas que você dá a seus apetites determinarão a direção e qualidade da sua vida. Com certeza, você já viu amigos e membros da família arruinarem a própria vida graças a uma aparente incapacidade de dizer não a si mesmos. Portanto, essa é a questão.

> Os apetites não são ruins. Acredito que Deus os criou. Também acredito que o pecado os distorceu.

Como você talvez imagine, vários estudos giram em torno do papel dos apetites na experiência humana. Pessoas que dedicam a vida a estudar essas coisas nos contam que diversas mudanças ocorrem no cérebro quando o apetite é estimulado. Uma dessas mudanças é chamada "tendência por impacto". Em poucas palavras, quando um apetite é estimulado, o cérebro o amplia de maneira exagerada para nossos outros apetites. Empiricamente, superestimamos como seremos felizes se pudermos satisfazer esse apetite em particular. Por isso, os garçons espertos trazem a sobremesa até nós em vez de se limitarem a oferecê-la em um cardápio.

Ou, na impossibilidade de levar à mesa os doces a serem oferecidos, eles os descrevem em termos que nos fazem sentir o gosto que têm sem que os vejamos. Uma vez atacado o apetite, seu cérebro começa a mentir para você. Cérebro malvado.

A tendência por impacto é só um dos muitos truques que o cérebro aplica em você quando um apetite é estimulado. Outro é quando sua mente fica de tal forma concentrada em uma coisa ou informação que tudo o mais, em comparação, se torna difuso ou restrito. Esse é um dos motivos pelos quais você sai da concessionária convencido de que precisa ter *aquele* carro.

Existe ainda outro truque em que seu cérebro exagera as consequências de não obter o que seu apetite deseja. Se tem filhos adolescentes, você já viu isso em ação. "Mãe, se eu não puder ir, vou MORRER!". "Se me obrigar a ir para a escola usando isso, NUNCA arranjarei um namorado".

Assim, se por um lado a generosidade pode ser o antídoto para os efeitos estonteantes da riqueza, seu apetite por *mais* pode funcionar como antídoto contra a generosidade que honra a Deus. Seu apetite por mais coisas, *status* e segurança tem o potencial de anular seus esforços para ser generoso. E isso é um problema. Um problema de gente rica. Se você não o tratar, pode se tornar um viciado funcional em *coisas*, status, *segurança* ou alguma combinação dos três.

O que fazer então?

O CÉREBRO GENEROSO

Todos sabemos que não há nada novo debaixo do Sol. Portanto, não deveríamos nos surpreender ao descobrir que a mesma pessoa que nos exortou a ser ricos em boas obras e em generosidade trata do *grande* obstáculo ao tipo de generosidade para a qual dizer não a nós mesmos é uma exigência. Na verdade, acontece no mesmo capítulo da mesma epístola. Paulo escreve:

[...] a piedade com contentamento é grande fonte de lucro (1Timóteo 6.6).

Contentamento. Eis um conceito sobre o qual não ouvimos falar muito. E, sejamos sinceros, não é o *descontentamento* que alimenta nossos gastos desnecessários, irresponsáveis e, às vezes, nocivos? Paulo chega a ponto de dizer que o contentamento é *grande fonte de lucro*. Tradução: o *contentamento* é mais valioso do que as coisas que você adquire em razão do seu *descontentamento*. Pensando bem, você sabe que é isso mesmo.

Já se arrependeu de ter feito uma grande compra? Se pudesse voltar atrás e escolher o contentamento com o que tinha em lugar da compra que seu descontentamento o levou a finalizar, não seria essa sua opção? Claro. Por quê? Porque, olhando para trás, você consegue ver o *valor* ou o *lucro* de optar pelo contentamento. Essa opção na verdade o teria tornado mais rico. Já desperdiçou dinheiro? Por quê? Aposto que havia um apetite envolvido. Se pudesse voltar atrás, o contentamento o teria tornado mais rico e com um arrependimento menos. Paulo sabia do que estava falando. Se você está interessado de verdade em *lucrar*, o bilhete de ingresso é o contentamento.

Três versículos depois, ele escreve:

> Os que querem ficar ricos caem em tentação, em armadilhas e em muitos desejos descontrolados e nocivos, que levam os homens a mergulharem na ruína e na destruição (v. 9).

Sabia disso por experiência? Analise com atenção as seguintes palavras: "desejos descontrolados e nocivos". Desejos. Aqui está a história do apetite de novo. Logo depois, Paulo escreve uma das declarações mais famosas e mais erroneamente citadas do Novo Testamento:

Pois o amor ao dinheiro é a raiz de todos os males. Algumas pessoas, por cobiçarem o dinheiro, desviaram-se da fé e se atormentaram com muitos sofrimentos (1Timóteo 6.10).

Resumindo as observações de Paulo: ao recusar o lucro que acompanha o contentamento e optarmos, em vez disso, pelo lucro alimentado pelo descontentamento, corremos o risco de:

- cair em tentação
- cair em uma armadilha
- ser controlados por desejos nocivos, que se transformam em hábitos
- mergulhar na ruína
- mergulhar na destruição
- desviar-nos da fé
- atormentar-nos com muitos sofrimentos

COMBATENDO O BOM COMBATE

Meu palpite é que você conhece alguém cujo descontentamento alimentado por um apetite o levou a um ou mais desses destinos. Aposto que você conhece uma pessoa que está seguindo rumo a uma dessas direções neste instante. Apesar de óbvio para você, ela não consegue enxergar isso, consegue? O que me leva a uma pergunta que os ricos não gostam de ouvir. É possível que *você* esteja sendo seduzido a seguir um desses destinos indesejáveis e não tenha se dado conta? É possível que seu cérebro o esteja enganando? Que seu apetite o esteja controlando? Entendo que você foi abençoado com um QI acima da média e tem formação universitária. A probabilidade é que tenha um diploma de pós-graduação. E sim, sei que é rico. Nós, gente rica, costumamos presumir equivocadamente que somos as pessoas mais inteligentes da sala. Com certeza inteligentes demais para deixar que nossos apetites nos passem a perna! Mas acontece, não é? Poderia acontecer com você.

Poderia *estar acontecendo* com você. Se não sabe controlar o poder do contentamento, quase posso assegurar que *está* acontecendo com você.

Contudo, como já descobrimos, não somos a primeira geração de cristãos ricos vítima dos próprios apetites. Paulo termina com um apelo a outro tipo de apetite que habita a alma de todo homem e mulher ricos — o apetite de ser bem-sucedido e vencer.

> Você, porém, homem de Deus, fuja de tudo isso e busque a justiça, a piedade, a fé, o amor, a perseverança e a mansidão. Combata o bom combate da fé [...] (1Timóteo 6.11,12).

Fuja. Busque. Combata. Palavras muito fortes. Para não ser tragado por um turbilhão de descontentamento, temos de ser proativos. Deliberados. Agressivos. A generosidade não acontece naturalmente. Dizer não a nós mesmos não é intuitivo. Pelo que tudo indica, quanto mais tivermos, mais seremos controlados por nosso apetite insaciável de possuir mais, o que não faz sentido, na verdade. Seria de imaginar que, quanto mais temos, menos haveríamos de querer. Ah, mas não é assim que funcionam os apetites.

Exemplo ilustrativo: muitos anos atrás, Sandra e eu fizemos um estudo financeiro com o pequeno grupo que se reúne em nossa casa. Todos os sete casais contavam com 45 anos ou mais. Todos tínhamos filhos entre o ensino fundamental e o médio. Uma semana, parte do nosso dever de casa foi sentarmos os dois, marido e mulher, e identificarmos a época do nosso casamento em que nos sentimos mais contentes. Relataríamos nossas descobertas no próximo encontro. E você? Em que estágio da vida você se sentiu mais contente com o que tinha?

> Em que estágio da vida você se sentiu mais contente com o que tinha?

Todos do nosso grupo chegaram à mesma conclusão. Concordamos em que experimentamos o maior contentamento nos primeiros anos de casamento, quando possuíamos muito menos. O que não faz o menor sentido, certo? Como era possível ser mais contentes tendo menos coisas? A aquisição de bens não põe fim à coceira do descontentamento? Ao que parece, não. Na verdade, ocorre o contrário. Por isso, nossa conclusão. A probabilidade é que você tenha chegado à mesma dedução, no que diz respeito a seu senso de contentamento.

Por que, porém, isso se dá? Como pode menos coisas resultar em maior contentamento? A resposta se encontra em uma observação final relacionada com a natureza dos apetites: se você alimenta um apetite, ele cresce. Satisfazer um apetite não o diminui. Ele se expande. Para diminuí-lo, você deve matá-lo de fome. Assim, nos primeiros dias do casamento, quando nenhum dos integrantes do nosso grupo tinha muito dinheiro sobrando para gastar em excessos, não fazíamos coisas extras. E nos sentíamos satisfeitos. Fomos forçados a matar de fome esse apetite. Mas no momento em que nossas receitas e nosso poder de compra começam a crescer, começamos a alimentar a besta-fera. Agindo assim, abrimos mão de uma fatia do contentamento. E assim por diante.

Paulo entendia isso. Na verdade, levou esse princípio a um extremo lógico, mas incômodo. Sobre isso, escreveu:

> pois nada trouxemos para este mundo e dele nada podemos levar; por isso, tendo o que comer e com que vestir-nos, estejamos com isso satisfeitos (1Timóteo 6.7,8).

Comida e vestimenta. Sem Internet. Mas imagine quanto dinheiro você pouparia... Quanto dinheiro poderia doar... Se passasse um ano inteiro contente em prover para si mesmo o nível mínimo de comida, moradia e vestimenta. Não estou sugerindo que ponha a ideia em prática. Seria uma hipocrisia da minha parte. Mas é impossível não compreender o que Paulo está dizendo. Se ele se contentava com o mínimo, com certeza considerava isso grande lucro para ele e para aqueles a quem escolhia dar seu excedente.

Lutar pelo contentamento, buscá-lo e abraçá-lo sempre resulta em lucro. Sempre. Em múltiplos níveis. Isso nos traz a uma pergunta muito importante. Uma pergunta em torno da qual todo este capítulo foi construído. Uma pergunta que farei de três maneiras diferentes para maximizar seu efeito!

Como alguém encontra contentamento em uma cultura saturada pela mídia, edificada sobre uma economia movida pela publicidade?

Como se diz "basta" em um mundo que ajustou as mensagens que envia para o deixar insatisfeito o tempo todo com tudo que possui hoje?

Como nós, os ricos, gente com dinheiro sobrando, podemos encontrar a força de vontade para dizer não quando, tecnicamente, temos condições financeiras para dizer sim?

Uma única palavra contém a resposta. Uma palavra que opera a nosso favor ou contra nós. Se você vem arrastando uma dívida por algo que gostaria de nunca ter comprado, então sabe tudo sobre essa palavra e o poder que ela encerra. Ao concluir este capítulo, vou ensinar você a usar essa palavra como alavanca para que opere a seu favor. Estou convencido de que ela é a chave para desarmar o descontentamento.

A palavra é: *consciência*. A consciência alimenta o descontentamento. Mas também pode ser usada para contê-lo e domesticá-lo.

GERENCIAMENTO DE CONSCIÊNCIA

Todos estamos cientes do poder da consciência. A dinâmica não nos é estranha. Quantas vezes você entrou em uma loja para comprar um item específico e saiu com a sacola cheia? Mais do que é capaz de se lembrar. Passando pelos corredores, avistou algo de cuja existência nem sabia e, em menos tempo do que precisou para tirar o produto da prateleira, convenceu-se de que na verdade *necessitava* daquilo. Não apenas o *desejava*. Nosso cérebro pula o desejo e vai direto para a necessidade. Impressionante, não? Na verdade, assustador. Enxergar é necessitar. Esse é o poder da consciência.

Consciência é um conceito crítico em vendas e *marketing*. Sem ela e o descontentamento que ela incendeia, os consumidores não comprariam tanto. Afora uma dose diária de descontentamento, seríamos perfeitamente felizes com o que já temos. Por isso, os fabricantes de produtos e as respectivas agências de publicidade acompanham tão de perto a *consciência* da marca. Lançam comerciais caros e conduzem pesquisas dispendiosas para gerenciar a consciência que temos desses produtos. Quanto mais elevada a consciência, mais forte o descontentamento e melhores as vendas. Mas não foi sempre assim.

Anos atrás, o descontentamento não tinha um papel tão grande nas compras. Antes das sofisticadas máquinas de *marketing* atuais, as pessoas compravam baseadas na *necessidade*. Imagine uma coisa dessa. Só *substituíam* os bens quando quebravam. Que coisa mais fora de moda. Hoje, não substituímos o que temos quando quebram. Fazemos isso quando lançam um modelo mais novo da mesma coisa que já possuímos. Nós *atualizamos*. E *quando* isso acontece? Quando tomamos *consciência* de que uma atualização está disponível. Claro, podemos esperar até *vermos* alguém usando um dispositivo atualizado, dirigindo seu carro atualizado, cozinhando em um fogão atualizado ou ostentando um guarda-roupa atualizado. Mas, uma vez conscientizados de que os produtos estão por aí, começamos a armar um esquema. (Quero dizer, a planejar.) Quando nos damos conta do que não temos, nosso descontentamento beira o desespero. Ora, como já mencionei aqui, isso pode funcionar a nosso *favor*, bem como contra nós. Mas exigirá algum esforço. Como disse Paulo, você terá de travar um combate.

Talvez uma história o ajude.

BRINCANDO DE DESFILAR

Em dezembro de 2008, recebi um convite da Casa Branca para participar do Culto Nacional de Oração, um evento que acontece na Catedral Nacional de Washington na manhã seguinte ao dia da posse. Era uma honra ser convidado, e aceitei de pronto. Além do presidente e sua família, o gabinete, membros do Congresso, juízes da Suprema Corte e centenas de outros convidados estariam presentes.

Quando compartilhei a notícia com Sandra, um de seus primeiros comentários foi: "O que vou usar?". Como todos os líderes religiosos convidados, fomos instruídos a nos vestir de acordo com a tradição da nossa fé. Sandra me assegurou que eu não me vestiria de acordo com a tradição da *minha* fé. Porque ela não apareceria vestida conforme a sua. Somos pessoas muito informais. Na época, eu tinha um terno antiquado. O guarda-roupa de Sandra era cheio de *jeans*, jaquetas e blusas. De modo que tínhamos algumas compras a fazer.

Comprar para mim era fácil. Eu precisava de um terno azul novo e uma gravata. No caso de Sandra, a situação era um pouco mais complicada. Assim, uma manhã de quinta-feira, ela partiu em busca de algo apropriado para usar em nosso grande evento. No fim da tarde telefonei para ela a fim de ver como estava indo.

"Encontrei uma roupa perfeita!", ela anunciou. Mas senti um tom perverso em sua voz. "É um conjunto lindo, o tecido é maravilhoso e ficou incrível em mim".

Pausa longa.

"Onde você está?", quis saber. Quando ela contou, entendi a razão de todo o mistério. Ela estava na loja de departamentos mais exclusiva de Atlanta. Um lugar em que nunca fazemos compras.

Sandra riu e disse: "E só custa 3 mil! Fora a blusa e os sapatos, claro".

Dois pensamentos simultâneos passaram por minha cabeça naquele momento. Primeiro: *Como um casaquinho e uma saia podiam custar 3 mil dólares?* Tinham sido usados por Jacqueline Kennedy na posse do marido? Segundo pensamento: *Se ela realmente quer a roupa, com certeza merece tê-la; então acharei um jeito de comprá-la. Mas depois... vai direto para o eBay!* Imagine, poderíamos anunciar que só tinham sido usados uma vez. E que *vez*! Sandra é a mulher mais contente e menos materialista que conheço. Mas eu sabia que ela queria se vestir da forma apropriada para nosso compromisso na Catedral Nacional.

Antes que eu pudesse expressar algum desses dois pensamentos fugazes, ela caiu na gargalhada. "Não se preocupe. Não vou gastar 3 mil em uma roupa". Mas foi o que ela declarou a seguir que tornou nossa conversa memorável. Não só ilustra o poder positivo da consciência, como também demonstra que alavancar a consciência desse modo requer um pouco de determinação.

"Quando olhei na etiqueta de preço, tudo que consegui ver foram o rosto precioso daqueles órfãos dos abrigos New Hope Homes em Kigali, Ruanda. E pensei: *Imagine o que os 3 mil dólares fariam por eles*". Meus olhos se enchem de lágrimas quando penso em nossa conversa.

No começo daquele ano, nossa família levou cinco outras famílias em uma viagem a Ruanda e Tanzânia para conhecer vários postos da Compassion International. O objetivo da viagem era expor essas famílias ao trabalho da Compassion, na esperança de que se tornassem doadores. Eis a história da consciência de novo, hein?

Ouvir falar do que uma organização como a Compassion faz é uma coisa. Ver, cheirar, passear pelo meio do trabalho é outra coisa completamente diferente. Durante nossa estada em Kigali, visitamos uma família que conhecêramos alguns anos antes em Nairóbi. Além do papel que ela desempenhava na Compassion, estava construindo lares coletivos para crianças que não tinham membros familiares vivos. Denominava o projeto de New Hope Homes. Cem dólares americanos faziam muita coisa em um ambiente como aquele. Três mil dólares americanos eram suficientes quase para custear um acréscimo de dois quartos à edificação que essa família já tinha. Estar *consciente* disso foi o necessário para que Sandra tivesse a real perspectiva de uma roupa de 3 mil dólares que talvez usasse em três ou quatro ocasiões ao longo de toda a vida.

A consciência é algo poderoso. Se tem capacidade para conter o apetite de uma mulher pela roupa *perfeita*, o que não pode fazer? Ela consegue levar seu descontentamento em uma de duas direções. Pode alimentar apetites que jamais serão satisfeitos. Ou o impedir rumo a uma generosidade sem precedentes, ao mesmo tempo que refreia seu apetite por gastar. No fim, Sandra comprou o belo conjunto de uma loja de departamentos local. Total da nota: 290 dólares, incluindo os sapatos. Ela ficou tão estonteante que um ex-presidente fez questão de se aproximar e lhe dar a mão. Sem brincadeira. Ela vai me matar por contar isso.

NADA MAIS JUSTO QUE UMA REVIRAVOLTA

Se pretende ser bom em ser rico, você deve começar *cultivando a consciência* das coisas que de fato importam. Oportunidades que fazem diferença real no mundo. Coisas que importam para nosso Pai celestial. Não requer nenhuma disciplina ou esforço da nossa parte a conscientização do que não temos, mas poderíamos ter. A cultura se encarregará disso. Mas requer iniciativa para se tornar e permanecer consciente do que as pessoas não têm, mas deveriam.

Precisamos fazer um esforço combinado para manter as necessidades alheias sempre em nosso pensamento. Não por culpa, mas para que sejamos bons administradores dos recursos que temos tido o privilégio de gerenciar.

Cada decisão nossa de gastar e de poupar é tomada dentro de uma estrutura de consciência. Para sermos bons em ser ricos, precisamos ampliar essa estrutura. Devemos criar o hábito de enxergar além do nosso bairro, da nossa escola e do nosso atual plano geográfico de referência. Senão, acabaremos com a consciência limitada a nossas experiências individuais. E, mesmo que talvez até continuemos ricos, não mais seremos ricos em boas obras. Deixaremos de sentir o desejo de compartilhar. *Enxergar* se converterá em *necessitar* porque teremos perdido a consciência do que significa passar necessidade.

Não é estranho? Você sente falta do dinheiro mal gasto. Sente falta do dinheiro que desperdiça ou investe mal. Mas nunca sente falta do dinheiro dado para satisfazer uma necessidade da vida de outra pessoa. Em outras palavras, ficamos descontentes com nós mesmos quando não sabemos usar o dinheiro, mas encontramos contentamento por meio da generosidade responsável. Como diz Paulo, é um contentamento que produz grande lucro.

> Você nunca sente falta do dinheiro dado para satisfazer uma necessidade da vida de outra pessoa.

Há muitas maneiras de mergulhar em ambientes que elevarão sua consciência das coisas que importam mais para Deus. Você não precisa deixar o país. A consciência é uma das razões pelas quais encorajamos as pessoas das nossas igrejas a que se ofereçam como voluntárias em organizações que financiamos por meio da campanha *Seja rico*. Ouvir falar de necessitados aumenta a consciência.

Mas *servir* aos necessitados leva a consciência a um nível ainda maior. Olhar nos olhos de uma criança que não receberá nada no Natal além da nossa generosidade ajuda a refrear nosso apetite por coisas que nos sentimos tentados a convencer a nós mesmos de que *necessitamos*. De novo, a consciência é uma arma poderosa.

Contudo, aumentar a consciência do que os outros precisam é só uma maneira de alavancar o poder dessa consciência. Uma segunda abordagem envolve que nos desconectemos ou *desengatemos* das diversas tomadas de consciência a que estamos vinculados. Por exemplo, fique longe do *shopping*! Suspenda uma ou duas assinaturas de revistas. Cancele o recebimento de catálogos eletrônicos. Falte à feira de utilidades domésticas, de barcos ou de armamentos neste ano. Pare de se expor sem necessidade a ambientes que o deixam descontente com o que tem. Procure maneiras de se tornar menos ciente do que não tem e não necessita. Agindo assim, você alavancará o poder da consciência a seu favor. Torna mais fácil dizer não a si mesmo e sim a quem poderia se beneficiar da sua generosidade.

A generosidade *é*, de fato, o antídoto para os efeitos estonteantes da riqueza. Mas o descontentamento — alimentado por nossos apetites insaciáveis por algo mais — tem o poder de diluir nossa generosidade. A consciência, no entanto, quando alavancada corretamente, tem o poder de domesticar e redirecionar nosso descontentamento. Nesse sentido, ela é o antídoto para o descontentamento. Agora que está ciente disso, sugiro que você ponha mãos à obra e alavanque sua consciência para o bem.

Ser rico é isso.

Capítulo 6
O MITO DA PROPRIEDADE

> *O que possuo pertence a Deus.*
> HOWARD DAYTON

> *Para quem primeiro se entrega ao Senhor, todas as outras entregas são fáceis.*
> JOHN S. BONNELL

Até agora, investigamos, de vários ângulos diferente, como ser bom em ser rico. Vimos que, se você não sabe nem *quando* é rico, terá dificuldade para ser bom em *ser* rico. Analisamos diversas ordens dadas por Paulo a fim de que os ricos sejam bons nisso. Aprendemos sobre o perigo de presumir que todos os nossos bens têm como objetivo o consumo próprio. E vimos como a generosidade é o antídoto para os efeitos colaterais negativos da riqueza.

Todos esses são grandes princípios para quem espera vir a ser rico um dia. Mas, se você deseja mesmo ser bom em ser rico, tem mais uma coisa que precisa saber. Na verdade, você pode praticar tudo o que mencionamos até agora, mas, sem o próximo princípio, evitar os efeitos colaterais da riqueza será uma luta constante. Trata-se de uma ideia apresentada no Antigo Testamento e espelhada no Novo Testamento. Se você é do tipo que gosta de ir direto ao ponto, com certeza desejará começar por este princípio. Porque, quando alguém acerta aqui, todos os outros aspectos de ser bom em ser rico acontecem com facilidade.

O princípio diz apenas o seguinte: "Seu sucesso em relação à riqueza é determinado por seu objetivo em relação a ela". Em outras palavras, ao reduzir esse tópico inteiro à mínima complexidade, sua capacidade de ser um bom rico é, em última análise, uma função do objetivo central que você abraça em se tratando de riqueza. Quando o assunto é dinheiro, existem muitos objetivos que uma pessoa pode ter. E cada um alcança um resultado predeterminado em termos de ser capaz de olhar para trás, na própria vida, e celebrar o fato de ter sido bom em ser rico.

Para alguns, o objetivo básico relacionado com o dinheiro é prover para a família. Um excelente alvo. Mas, se for seu único objetivo sobre dinheiro, você não será necessariamente bom em ser rico. Muita gente rica que dedica excelente cuidado à família ainda luta para doar com generosidade.

Para outros, o objetivo é ganhar tanto dinheiro quanto possível. E são bons nisso. Mas ganhar dinheiro não torna você bom em administrá-lo, concorda? Então deve haver algo mais.

Outro objetivo poderia ser poupar tanto quanto possível. Você mede cada oportunidade com base em como ela permite a você aumentar a conta poupança. Com certeza esse é um objetivo excelente. Poupar tem uma importância incrível. Mas não garantirá que você olhe para trás um dia e declare que foi bom em ser rico.

Para outros ainda, o objetivo é gastar bem o dinheiro. Não estou dizendo que sejam frívolos ou negligentes. Apenas enxergam o dinheiro como ferramenta para realizar outras coisas. De que adianta a você morrer com uma gorda conta bancária só para que seja dividida entre seus sobreviventes? Portanto, gastam com sabedoria e com frequência, e é assim que medem o próprio progresso. Mas você consegue perceber as falhas nesse plano desde o início. Pode acabar negligenciando muita coisa importante que precisa realizar a fim de ser bom em ser rico.

Embora cada um desses alvos tenha seu mérito, quero apresentar um objetivo que confere equilíbrio aos demais. É a única coisa capaz de ser considerada o norte verdadeiro na sua bússola, em se tratando de finanças. Seja fiel no serviço a esse objetivo, e tudo o mais se encaixará. Alcance-o, e você será bom em ser rico. Acima de tudo, ele oferece as coordenadas para conduzir cada decisão financeira que você venha a tomar na vida. Em se tratando do motivo pelo qual você tem dinheiro e o que fazer com ele, esse

○ mito da propriedade

princípio detém a chave para uma perspectiva que levará a boas decisões e administração do seu dinheiro.

QUANDO OS REIS SE CURVAM

Três mil anos atrás, Davi era o rei de Israel. Chegar ao trono não foi exatamente tranquilo para ele. Houve guerras, escândalos e traições — algumas das histórias mais dramáticas do registro histórico. Durante anos, Davi conduziu seus súditos em uma viagem nômade para fazer do povo escolhido por Deus uma nação. Viveram em tendas e até carregaram uma versão portátil da casa de Deus chamada tabernáculo, que continha a arca da aliança.

Todavia, chegou o momento na vida de Davi que ele esperava. Todos os inimigos tinham sido derrotados. Todas as batalhas, ganhas. Israel era a superpotência reinante da época, e havia paz na terra. Em resumo, ele era rico. Um dia percebeu quanto era abençoado. Vivia em um palácio incrível de um reino incrível, em uma época incrível da História.

A situação de Davi não é diversa da sua e da minha hoje. Os americanos vivemos no país mais rico durante a época mais rica da História. Se pudesse nos ver agora, Davi diria que vivemos como reis todos os dias. E, ao olhar em volta nesse dia em particular, sentiria despertar em seu interior uma reação que nos serve de padrão de como deveríamos enxergar nossa situaçao.

Davi sempre via a mão de Deus em tudo. Deus estava presente em cada gigante que ele enfrentava, cada batalha que travava e cada vitória que conquistava. Na verdade, ele escreveu muitos salmos louvando a Deus por ser o provedor de tudo que recebia. Mas de repente, olhando de seu palácio, não pôde deixar de notar que Deus só tinha um lar temporário. O tabernáculo nada mais era que uma tenda. Assim, Davi resolveu em seu coração edificar uma casa permanente para Deus — um templo. E começou a planejar a arquitetura e a levantar o dinheiro para aquele que viria a ser conhecido como templo de Salomão, uma das sete maravilhas do mundo antigo. Alocou ouro e prata do tesouro nacional de Israel para pagar a construção. Doou até uma grande porção do próprio dinheiro ao projeto. Alguns estudiosos estabelecem a contribuição pessoal de Davi na casa dos 14 bilhões de dólares.

Quando Davi convocou os israelitas em Jerusalém para anunciar o plano de construir o templo, o povo se entusiasmou. O dinheiro começou a entrar. Ainda tinham vivo na memória tudo que Deus fizera para levá-los àquele lugar de bênção. E sua participação foi sincera.

No meio de toda essa euforia, Davi fez uma oração que nos permite vislumbrar seu coração e perspectiva em relação à vida, a Deus e ao propósito do dinheiro. Por meio dessa oração, descobrimos o objetivo principal que deveria orientar nossa maneira de pensar sobre o dinheiro e de lidar com ele. Essa mentalidade é a chave para ser bom em ser rico. A oração começa assim:

> "Bendito sejas, ó SENHOR, Deus de Israel, nosso pai, de eternidade a eternidade. Teus, ó SENHOR, são a grandeza, o poder, a glória, a majestade e o esplendor [...]" (1Crônicas 29.10,11).

Em essência, olhando para tudo que Deus fizera na vida dos israelitas até aquele momento, Davi concluiu: "Deus, isso tudo tem a ver contigo". O rei da maior superpotência sobre a face da terra se curva em público diante de Deus, a quem considera o Rei dos reis. Do próprio rei Davi inclusive. Ele continua:

> "Pois tudo o que há nos céus e na terra é teu. Teu, ó SENHOR, é o reino; tu estás acima de tudo" (11b).

Para Davi, tudo pertencia a Deus. Isso incluía todo o ouro e toda a prata do tesouro, e todo o dinheiro das pessoas. De qualquer forma, tudo isso pertencia a Deus. Eles só estavam transferindo o dinheiro do Senhor de um lugar para outro, a fim de edificar uma casa permanente para a arca da aliança. Em seguida, ele afirma:

> "A riqueza e a honra vêm de ti; tu dominas sobre todas as coisas. Nas tuas mãos estão a força e o poder para exaltar e dar força a todos" (v. 12).

Do ponto de vista de Davi, Deus era não apenas dono de todos os bens materiais, como também a fonte das coisas que o dinheiro não pode comprar — como honra, poder e força. O comentário de Davi tinha o intuito de descrever tudo que uma pessoa desfruta na vida, bem como tudo que possibilita nossas realizações. E não valia apenas para Davi, mas para todo o povo dessa nação e mundo afora. Não importava quem tinha o quê, no fim tudo pertencia a Deus.

Essa declaração deve ter sido espantosa para alguns espectadores de Davi. Muitos tinham visto como ele dera duro para se tornar rei. Eram testemunhas de sua destreza na batalha. Conheciam sua sabedoria como líder. Tinham observado seus sacrifícios pelo bem da nação. No entanto, ele agora professava abertamente ao povo que fora Deus quem permitira tais coisas. Não podia tomar para ele crédito algum pelo que alcançara.

Resumindo, Davi estava declarando que tudo pertence a Deus, tudo vem de Deus e tudo é concedido por Deus. Ele concluiu dizendo o seguinte:

> "Agora, nosso Deus, damos-te graças, e louvamos o teu glorioso nome. Mas quem sou eu, e quem é o meu povo para que pudéssemos contribuir tão generosamente como fizemos? Tudo vem de ti, e nós apenas te demos o que vem das tuas mãos" (v. 13,14).

Uau. Que visão! Não se vê muita gente rica hoje em dia reagindo dessa maneira, não é mesmo? Davi se considerava até indigno da oportunidade de ser generoso. Essa mentalidade é oposta à que muitos norte-americanos ricos propagam hoje. Eles parecem dizer: "Isso me pertence. Trabalhei duro para conquistá-lo e tenho o direito de fazer o que quiser com ele". Aqui, na terra da oportunidade, em geral se entende que o sucesso é subproduto do trabalho duro. E, embora isso possa ser verdade em muitos casos, é Deus quem nos dá tanto a capacidade quanto a oportunidade de trabalhar duro. Mais uma vez, tudo vem dele.

Portanto, se tudo pertence a Deus, vem de Deus e é concedido por Deus, qual deveria ser a única coisa a governar nossa abordagem do dinheiro? Como você resume a mentalidade de Davi acerca do dinheiro? Se quiser reproduzir a perspectiva dele na sua vida, qual deveria ser seu objetivo principal?

Quando penso nessa oração, três palavras me vêm à cabeça: *honrar a Deus*. Elas resumem tudo que Davi declarou sobre a própria riqueza. Se você tivesse de perseguir uma única meta para tudo que possui, ela deveria ser esta: honrar a Deus. Sirva a esse objetivo único, e tudo o mais automaticamente se encaixará.

> Se você tivesse de perseguir uma única meta para tudo que possui, ela deveria ser esta: honrar a Deus.

O MITO DA DOAÇÃO

Se você mantém contato com o mundo da igreja há algum tempo, sabe que não é fácil pôr na cabeça o que Davi de fato está dizendo aqui. Veja bem, ele diz que *tudo* pertence a Deus — não só a porcentagem que depositamos na sacola da oferta. Fui ensinado desde muito novo a dar 10% de tudo para Deus. Isso queria dizer

○ mito da propriedade

que, se ganhasse 1 dólar, 10 centavos eram designados para a oferta. Se ganhasse 10 dólares, 1 dólar ia para o trabalho da igreja. E assim por diante. Sou muito grato por ter sido criado na prática desse valor fundamental.

Contudo, tenho de reconhecer que a rotina por si só não produz exatamente a mentalidade que Davi expressou em sua oração. Mesmo se você for fiel na doação desses 10%, não significa que terá a perspectiva correta acerca dos outros 90%. Na verdade, com o tempo você se torna um pouco possessivo em relação a eles. *Desde que eu dê a Deus determinada porção, estou livre para fazer o que quiser com os outros 90%. Deus, aqui está sua parte. Agora vou pegar o resto para mim.* De algum modo, até dizimar pode se tornar uma tarefa que ticamos na nossa lista de tarefas antes de passarmos para o próximo item. *Dei 10%. O resto é meu para fazer o que bem entender.* Não se parece muito com aquilo em que Davi acreditava, não é?

Sempre tive facilidade para dar a Deus 10 centavos de 1 dólar, ou 10 dólares de 100. Também me lembro de haver recebido um cheque de 1.000 dólares e não hesitar em dar a Deus os seus 100. Mas, para ser franco, quando recebia um pouco mais do que isso, um pequeno alarme começava a soar no meu interior. Se receber um cheque de 10 mil dólares, você é mesmo capaz de assinar outro de 1.000? É muito dinheiro. E, nem que seja só por uma fração de segundo, a gente quase se sente irresponsável doando todo esse dinheiro.

Se já experimentou essa sensação, você sabe do que estou falando. Há uma explicação simples para isso. Sempre que passamos por essa pequena hesitação, é porque começamos a enxergar o dinheiro que recebemos como *nosso*. Ao contrário de Davi, não pensamos nele como sendo de Deus. Nesses momentos, não estamos em pleno contato com o fato de que tudo pertence a Deus, vem de Deus e por Deus é dispensado. De certo modo, subscrevemos o mito de que o possuímos e o damos para o Senhor.

Chamo de mito porque, como Davi salientou, *quem sou eu para conseguir dar com tanta generosidade?* De um jeito ou de outro, Deus é dono de tudo. Portanto, na verdade só estou "dando" o que já lhe pertence. Sempre que dou algo a Deus, é só simbólico. A ideia de que "damos" alguma coisa a Deus não passa de um mito.

> A ideia de que "damos" alguma coisa a Deus não passa de um mito.

Como a oração de Davi sugere, a questão não é *dar*, mas *viver*. E o mesmo tema pode ser encontrado em todas as Escrituras. Devemos honrar a Deus não com uma porcentagem, mas com tudo que temos. Não é 10%. É 100%.

Quando você enxerga seus bens dessa maneira, tudo muda.

EMPRÉSTIMO

Poucos anos atrás, o High Museum of Art, de Atlanta, firmou um acordo com o Louvre, de Paris, em que obras de arte de valor inestimável iriam para Atlanta por empréstimo. A coleção incluía obras-primas de até 4 mil anos. Lá estavam peças raras de Rafael, Rembrandt e Michelangelo. Era incrível. Pelo acordado, tudo continuaria pertencendo ao Louvre. Apenas seria confiado aos cuidados de seu parceiro norte-americano.

Pois bem, agora responda: de que porcentagem daquela coleção de obras de arte o Louvre esperava que os norte-americanos cuidassem? Você acha que ficariam satisfeitos se lhes enviássemos 10% de volta com um bilhete explicando que usamos as outras telas para remendar uma goteira no teto? Pouco provável. Guerras mundiais se iniciaram por menos. Claro, ambos os lados compreendiam que cada peça insubstituível seria mantida sob vigilância absoluta. Não seria admitida nem uma impressão digital.

O mito da propriedade

O princípio que regia a permuta de obras de arte era o da *propriedade*. O Louvre era o proprietário de tudo. Portanto, todos os envolvidos compreendiam a responsabilidade de lidar com a coleção da maneira mais adequada. Basicamente, os norte-americanos estavam obrigados a honrar as expectativas do proprietário. Pois é o que se faz ao manipular bens alheios.

É assim que você enxerga seus bens? Não só seu dinheiro, mas coisas como honra, força e oportunidade também? Mais uma vez, de acordo com Davi, tudo que é "seu" pertence a Deus, vem de Deus e é dispensado por Deus. E aqui está o argumento decisivo. Deus vê as coisas dessa forma também. É tudo dele. Estão com você só por empréstimo.

Assim, como seria honrar a Deus com *tudo* que você tem?

Neste momento, preciso perguntar: essa questão provoca reviravoltas no seu estômago? Passam por sua cabeça imagens em que você aparece sendo chamado para o campo missionário, fazendo voto de pobreza e vivendo na miséria o resto da vida? Porque, se a ideia de entregar tudo a Deus o deixa um pouco nervoso, saiba que não está sozinho. Mas veja do que eu gostaria que você se lembrasse. Deus não quer tirar seu dinheiro; ele só não quer que seu dinheiro tome conta de você.

Em primeiro lugar, ele não necessita da sua permissão para tirar suas coisas. Já são dele, de qualquer forma. Em segundo lugar, Deus é um doador, não um tomador. Ele não enviou seu filho, Jesus, para cobrar de todos que lhe deviam. Ele enviou Jesus para *dar* a vida em seu lugar. Ao chamar você para reconhecê-lo como proprietário de tudo o que você tem, mais uma vez ele deseja dar algo a você: a liberdade e a paz que nos alcançam quando abrimos mão. Você sabia que quanto mais você se apega ao que possui, menos paz tem?

> Deus é um doador, não um tomador. Ele enviou
> Jesus para dar a vida em seu lugar.

Portanto, deixe-me perguntar outra vez: como seria honrar a Deus com *todos* os seus bens? Para início de conversa, você já o honra com os primeiros 10%? Se ainda não chegou lá, esse é um excelente ponto de partida. Se chegou, precisa incrementar um pouco a área da doação? Talvez aumentando um ou dois pontos porcentuais?

Ou pode ser que honrar a Deus signifique melhorar na área da provisão da família. Para algumas pessoas, honrar a Deus significa guardar mais, gastar menos ou acabar com aquele armário cheio de peças de coleção. Não sei qual será o seu caso. Mas, se pedir a Deus, ele mostrará como honrá-lo com tudo que você possui. Não só com um porcentual, mas com tudo.

O PRESENTE MUNDO

Davi sabia mais uma coisa sobre honrar a Deus com seus bens. Ele sabia que seus dias estavam contados. Não quero dizer com isso que estivesse à beira da morte. Mas, no grande plano da vida, Davi tinha uma quantidade limitada de tempo com que honrar a Deus. O mesmo acontece a todos nós. Davi sabia que tudo o que fizesse nesta vida estava conectado de alguma forma com a eternidade.

De fato, se pensar bem, você se lembrará das instruções de Paulo a Timóteo, fazendo referência a essa mesma ideia. Disse ele:

> Ordene aos que são ricos no presente mundo [...] (1Timóteo 6.17)

Percebeu? *No presente mundo?* Por que Paulo redigiria a frase assim? Existe um mundo não presente? Um mundo futuro, por exemplo? Nessa declaração, o apóstolo Paulo revela crer que há mais na vida do que a própria vida. Ele acredita existir algo além desta vida. E não está sozinho. Creem haver algo além desta vida 99% dos norte-americanos. Existe outro mundo *além* do presente mundo. E, mesmo que alguém seja rico neste mundo, essa condição não durará para sempre. O outro mundo virá logo em seguida. Portanto, em vez de andar por aí como se nada jamais fosse mudar, os ricos precisam honrar a Deus com seus bens agora. Porque não só estarão se guardando contra os efeitos colaterais da riqueza aqui, como entesourando no céu para uma época que ainda está por vir.

Muitas teorias descrevem com exatidão como será isso, e claro que não tentarei explicar o céu ou a vida após a morte neste livro. Mas pode estar certo de uma coisa: Jesus falou sobre esse conceito nos Evangelhos. Portanto, não há dúvida de que a medida com que honramos a Deus na era presente impactará nossa experiência na era por vir.

Paulo instrui Timóteo a dizer aos ricos que eles têm a oportunidade de fazer o bem de tal modo que impactem a própria posição na época futura. Não perca essa oportunidade.

Quando Jesus tocou no assunto, foi muito claro. Propôs a pergunta: " '[...] que adianta ao homem ganhar o mundo inteiro e perder a sua alma?' " (Marcos 8.36). Em essência, ele implorou a seus seguidores que enxergassem a riqueza pelas lentes da eternidade. Era assim que Davi a enxergava. Quando fazemos a mesma coisa, desapegamo-nos da riqueza, que se desapega de nós.

Capítulo 7
PODE ACONTECER DE NOVO

> *Bondade é a linguagem que o surdo ouve e o cego vê.*
> MARK TWAIN

PODE ACONTECER DE NOVO

Um dos argumentos mais convincentes a favor da fé cristã é nada mais, nada menos, que sua sobrevivência. Os índices contra ela eram incríveis. Se você procurar pelas características típicas que resultam na longevidade de um movimento, observará que o cristianismo não contou com nenhuma delas. Ao longo da História, os movimentos mais longevos consistiram em interesses políticos respaldados pelo poderio militar ou esforços sociais alimentados pelo poder popular. Alguns contaram com armas extraordinárias; outros, com coalizões poderosas. Até os protestos pacíficos de que temos notícia foram bem-sucedidos porque apelaram para a simpatia das massas e resultaram em poder político.

Os cristãos do século I não eram organizados, não tinham prédios, tampouco foram reconhecidos pelo governo. A sociedade moderna os considerou uma seita. Durante quase três séculos, permaneceram impotentes por completo — condenados ao ostracismo social, sofreram perseguição política e tortura física. No entanto, de alguma forma o movimento deles continuou a crescer.

Como você explica isso?

Ao longo dos anos, diversos historiadores exploraram esse fenômeno em detalhes. Gente como Rodney Stark, Paul Johnson e Alvin Schmidt dedicaram grande parte da carreira a entender como o cristianismo foi capaz não apenas de sobreviver, como também de prosperar. A conclusão deles é nada menos que notável.

Conquanto o cristianismo não tivesse nenhum dos pontos fortes convencionais exigidos para se começar um movimento, seu apelo e influência podem ser creditados a um fator inesperado: a generosidade.

A marca registrada dos cristãos no século I não era a riqueza, coisa que não possuíam em absoluto. Tampouco a teologia. Suas crenças eram estranhas, e os religiosos não conseguiam compreendê-las. O que os impulsionou foi a compaixão e a generosidade inexplicáveis. Tinham pouco, mas doavam. Recebiam pouca compaixão, mas mostraram-se dispostos a dividir o pouco que tinham com os outros. Impossível ignorá-los.

> A marca registrada dos cristãos no século I não era a riqueza, coisa que não possuíam em absoluto. Tampouco a teologia.

OLHO POR OLHO

Impossível exagerar a ênfase na transformação monumental que isso representou para as pessoas da época de Jesus. Ao longo das eras grega e romana, a regra para tratar os outros era muito diferente da que conhecemos hoje. O princípio básico para coisas como cortesia, etiqueta e decência se resumia no termo em latim *liberalitas*. Basicamente, significa que você dá a fim de receber algo em troca. É como o sistema funciona. Todo mundo cuida uns dos outros. Você coça minhas costas; eu coço as suas.

Na verdade, a palavra *liberalitas* ainda pode ser encontrada em grande parte da cunhagem da época. Os imperadores romanos estampavam a própria moeda. Havia inclusive um costume segundo o qual o imperador passava pelas ruas da cidade principal e jogava punhados de moedas para a multidão com o intuito de fomentar lealdade.

Em essência, significava que ele estava dando ao povo para que, se um dia passasse necessidade, as pessoas se dispusessem a retribuí-lo. Você consegue perceber a atmosfera do desfile? A multidão gritando "*Liberalitas! Liberalitas!*", ao mesmo tempo que recebia uma chuva de moedas com essa palavra impressa.

Como você bem pode imaginar, em uma economia de *liberalitas*, não havia grande utilidade para alguém que não lhe retribuísse. Por que você desperdiçaria boas obras com alguém que não poderia devolver o favor? O conceito de generosidade naquela cultura era *encontrar alguém capaz de fazer algo por você e por quem você pudesse fazer algo primeiro*. Porque então ele seria devedor a você.

O conceito pode ser bem difícil de entendermos hoje. Estamos rodeados de exemplos de sacrifício. Faz parte da nossa cultura. É o tema dos nossos filmes. É o mantra dos nossos funcionários públicos. É o chamado ao dever dos nossos militares. Nem todo mundo faz isso. Mas é a referência pela qual medimos algo como honra, integridade e fidelidade. Sempre que alguém sacrifica alguma coisa, sem esperar nada em troca, reconhecemos e respeitamos. Sentimo-nos inspirados.

No século I, contudo, esse legado não existia. O único motivo para dar com liberalidade era a fim de receber com liberalidade em algum momento no futuro. Mesmo na cultura judaica, havia uma tendência a dar para alguém baseado na capacidade de esse alguém devolver o favor. A generosidade tinha tudo a ver com fazer aos outros para que os outros pudessem fazer por você. Em consequência, as pessoas que tinham mais também recebiam mais. E quem não tinha nada? Não recebia nada.

Em suma, era uma economia baseada na reciprocidade. Desde que você tivesse algum tipo de riqueza, poder ou influência, contava com a esperança de receber a mesma coisa em retribuição.

Isso explica a situação desesperadora de viúvas e órfãos. Eram miseráveis e impotentes. Não existia o menor incentivo para ajudá-los.

Quase se podia garantir que você não receberia nada em troca. O senso comum dizia que ajudar uma viúva ou um órfão representava um desperdício completo de tempo e/ou dinheiro. Você jamais receberia nada em retribuição. Portanto, ninguém o fazia. E ninguém se envergonharia de você por tomar essa posição.

Então apareceu Jesus.

OBRAS QUE ATENDAM A NECESSIDADES

Jesus surgiu no meio daquela cultura e anunciou que seu Reino seria diferente. A economia da bondade o fundamentaria. No Reino de Jesus, as pessoas dariam e não esperariam retribuição. No Reino de Jesus, as pessoas emprestariam sabendo que talvez nunca recuperassem o dinheiro. No Reino de Jesus, você faria pelos outros o que eles não poderiam fazer em seu favor. Ele chegou a dizer que deveríamos amar os inimigos! Para lhes fazer o bem. Não seria *deles* que você receberia alguma coisa em troca, já sabia disso. Mas, quando você demonstra esse tipo de bondade, Jesus afirma que sua recompensa será grande. Você será filho do Altíssimo. Afinal de contas, Deus é bom para com o ingrato e o perverso. E, como seus representantes mundo afora, deveríamos refletir essa generosidade – do tipo que não espera nada em troca.

Jesus desafiou seus ouvintes com perguntas provocativas. Observou que, se você ama quem o ama, na verdade não merece crédito algum. Afinal de contas, até os pecadores são capazes de amar quem os trata bem. O mesmo vale para as boas obras. Até os pecadores farão o bem se obtiverem algo em troca. Isso é só *liberalitas*. O estilo de generosidade de Jesus era diferente.

> O estilo de generosidade de Jesus era diferente.

Em outras palavras, ele estava mudando o conceito que o mundo tinha do amor. Jesus inventou uma história sobre um samaritano que, em razão da raça do homem, seria considerada desprezível por seus ouvintes. O samaritano parou para ajudar um não samaritano a quem alguém surrara e roubara. Em circunstâncias normais, os dois não teriam nada a ver um com o outro. Eram culturalmente incompatíveis. Mas Jesus escolheu de propósito as personagens. Enquanto contava sua história, a plateia se inclinou para ouvir o que aconteceria. O samaritano ajudaria um não samaritano? O não samaritano aceitaria a ajuda do samaritano? Jesus estava defendendo uma ideia: *Eis o que significa ser o próximo de alguém.*

Ele não parou aí. Uma noite, reuniu seus seguidores mais chegados para a última refeição juntos. Era o líder deles. Não só a pessoa mais poderosa ali presente, como o cabeça de um movimento crescente. Levantou-se então e anunciou que lhe fora dada completa autoridade sobre o mundo inteiro. Em seguida, em vez de mandá-los se curvar a seus pés ou se humilhar em sua presença, fez algo inesperado. Ajoelhou-se no chão e lavou os pés de todos. Agindo assim, explicou que as regras seriam diferentes em seu Reino. Sempre que as pessoas estivessem em posições de poder, autoridade ou influência, não deveriam utilizá-las em benefício próprio. Em vez disso, deveriam empregá-las para o bem de quem tivesse menos poder, autoridade e influência. Depois de lavar os pés dos presentes, disse-lhes que fizessem o mesmo a outros.

Nos 300 anos que se seguiram, eles lhe obedeceram. Saíram pelo mundo com um tipo de generosidade que o mundo jamais vira. Deram a quem jamais poderia corresponder o favor. Fizeram boas obras que jamais seriam retribuídas. Enquanto isso, o mundo observava. Sabiam que um tipo de amor inteiramente novo chegara de alguma forma ao planeta. E não podiam deixar de se aproximar dele.

UM LEGADO DE GENEROSIDADE

A generosidade nada mais era que a marca registrada da igreja do século I. Era tudo o que tinham. E provou exercer mais influência do que qualquer quantidade de dinheiro ou poder político. Com o passar do tempo, diversas pragas assolaram as cidades da região. A cada vez, o povo fugia para o campo querendo escapar da morte. Sempre que o fazia, os enfermos eram abandonados sem ninguém que cuidasse deles. No entanto, contam-nos os historiadores, os cristãos não fugiam. Em vez disso, arriscavam a própria pele ficando para trás e satisfazendo as necessidades daqueles que não podiam se salvar. Muitos desses cristãos morreram no processo. Mas não temeram a morte. Enquanto tratavam dos enfermos até que recuperassem a saúde, a notícia de sua generosidade se espalhava feito rastilho de pólvora.

Havia um flagrante contraste entre a perspectiva geral dos cristãos e a dos pagãos ao redor. Os sacerdotes pagãos eram os primeiros a deixar a cidade nessas situações. Estavam entre as pessoas mais ricas dos arredores e tinham muito a perder, sem falar no fato de que temiam a morte. Portanto, não pensavam duas vezes antes de abandonar os entes queridos enfermos para salvarem a própria pele. Enquanto isso, os cristãos cuidavam inclusive dos pagãos. Quando a saúde dos pagãos voltava, eles muitas vezes abandonavam os caminhos idólatras e se convertiam ao cristianismo. Não pela teologia. Não por um milagre. Mas por causa da generosidade e da compaixão dos cristãos em favor da comunidade.

Uma história dessas que sobreviveu à Antiguidade registra a saga de um homem chamado Pacômio. Ele tinha 20 anos quando os romanos tomaram de assalto Tebas, onde vivia. Ambos os pais de Pacômio eram pagãos, e ele acreditava também ser esse seu destino na vida. Quando os romanos chegaram, no entanto, o curso de sua vida foi transformado para sempre.

A partir do momento em que o Império Romano se apoderava de uma comunidade, reunia todos os homens jovens e alistava-os no exército romano. Como os generais romanos sabiam que esses rapazes fugiriam assim que possível, trancafiavam-nos na prisão até poder transportá-los e treiná-los para servir. Quando Pacômio se encontrava em uma dessas prisões, a fome devastou a região em que se achava. Os prisioneiros começaram a morrer. Mas, como Pacômio documenta, estranhos começaram a aparecer à noite e enfiar comida entre as grades. Noite após noite, aquelas pessoas misteriosas retornaram. E, cada vez que o faziam, os prisioneiros devoravam os bocados sem questionar nada. Como consequência, Pacômio e seus amigos sobreviveram à terrível fome.

Quando ela acabou, ele começou a fazer perguntas. *Quem eram aquelas pessoas? De onde vinham? E, acima de tudo, por que nos alimentaram?* A resposta o desconcertou. Os estranhos eram membros do grupo conhecido como cristãos, galileus ou seguidores do Caminho.

Ao concluir suas obrigações para com a infantaria romana, imediatamente Pacômio buscou os cristãos. Com eles aprendeu sobre Jesus, sobre a ressurreição e sobre o povo que agora carregava seu legado. Tornou-se cristão e acabou sendo um grande líder na igreja primitiva. Mais tarde lhe conferiram a alcunha de santo em reconhecimento a sua devoção ao movimento. E tudo por causa da generosidade extraordinária que lhe aprisionara o coração.

A toda parte que os cristãos iam, eram conhecidos pela generosidade. E sua influência começou a dar nova forma ao Império Romano. Por fim, o imperador Juliano empreendeu um esforço para restaurar o paganismo. Mas a generosidade dos cristãos frustrou essa tentativa. Ele escreveu: "Os ímpios galileus [seguidores de Jesus] sustentam não só os próprios pobres, como os nossos também". Em outras palavras, não foi capaz de suscitar apoio de ninguém porque os cristãos continuavam fazendo mais pelos pagãos do que os próprios líderes. Não faziam para obter alguma coisa em troca. Mas porque isso tinha tudo a ver com o amor de Deus.

O poder dessa versão da generosidade sem segundas intenções era tão extraordinário que ela se converteu em uma das principais razões para a sobrevivência do cristianismo no século I.

UM FUTURO RIQUÍSSIMO

A generosidade mudou o mundo uma vez. O que aconteceria se a igreja se tornasse conhecida por uma generosidade inexplicável de novo?

Tenho o privilégio incrível de examinar essa questão com um dos grupos de cristãos mais generosos do Planeta. A generosidade derramada pelos membros das nossas igrejas continua a transbordar da nossa comunidade e a se estender ao redor do mundo. Eles corporificam o tipo de generosidade a que somos chamados a oferecer às pessoas. Não só uns aos outros, mas a quem vive em regiões remotas do mundo, que jamais conseguiriam retribuir-lhes.

Estou falando de pessoas normais, que não se sobressaem nem mesmo pela riqueza. Enfrentam incertezas financeiras. Têm desafios e reveses econômicos. Apesar de tudo isso, contudo, reconhecem que, pelos padrões globais, ainda são ricos.

A generosidade continua a chamar a atenção das pessoas de todo o mundo. Até hoje, esse é um reflexo do amor demonstrado por Jesus. Envia uma mensagem ao mundo tão cara a Deus – e sem segundas intenções. O melhor ministério que podemos oferecer em nome do Senhor não é explicar nossa teologia. É estender nossa generosidade. Pois foi o que nosso Pai celestial fez por nós. E é o que ele nos pediu para fazer também.

CONCLUSÃO

No tempo que passamos juntos, espero que você tenha feito duas descobertas suficientes para mudar seu estilo de vida. Primeiro, que tenha constatado o quanto está bem de vida. É provável até que seja rico. Sim, existe quem seja *mais* rico. Mas sejamos francos, sempre há um "*mais*" alguma coisa — *mais* inteligente, *mais* alto, *mais* rápido. Não permita que isso o desvie do fato de que você é mais rico que uma grande porcentagem dos habitantes do mundo. Mas, lembre-se, isso não é motivo para sentir culpa. É algo pelo que acordar todos os dias e ser grato. Além do mais, nada do que você tem pertence a você de verdade. Você é um administrador. Um gerente. Os gerentes financeiros não se sentem culpados; sentem-se responsáveis. Isso me leva à segunda descoberta. Espero que você tenha descoberto como ser rico.

Sendo bem específico, espero que tenha aprendido uma ou duas coisas sobre como ser *bom* em ser rico. Que nunca mais deposite sua esperança na riqueza, mas naquele que provê ricamente. Oro para que sua esperança não migre nunca — em vez disso, que permaneça centrada na única Fonte de segurança.

Espero que a partir de hoje você adote o princípio da consciência a fim de manter sob controle seu apetite pelas coisas. Lembre-se de que só porque tem condições financeiras para comprar algo não significa que deve fazê-lo. Como alguém atento em ser bom sendo rico, seja proativo ao se expor ao plano de Deus no mundo, bem como à condição daqueles a quem faltam os recursos e as oportunidades que você tem.

Do lado prático disso tudo, espero que você encontre algum tempo para criar uma estratégia de doação. Logo. Por exemplo, assim que acabar de ler este livro. Você traça planos para todas as outras áreas da vida; por que não traçar um para a prática da generosidade? Se não o fizer, já sabe o que acontecerá. Doará como a média das pessoas. Quer mesmo ser um doador mediano? Quer ser mediano em alguma coisa? Acho que não. Além do mais, você é rico. Deveria doar feito gente rica. Para isso, precisa de um plano. Um plano que o leve além da zona de conforto. Um plano que demonstre que sua esperança não está depositada na sua capacidade de acumular.

Espero que você comece a doar como gente rica. Que escolha uma porcentagem e a doe antes de qualquer outra coisa. E então, à medida que Deus o abençoar com mais, que você aumente o porcentual. Paulo resumiu isso melhor. Portanto, ao encerrarmos o tempo que passamos juntos, permita-me usar a poderosa admoestação do apóstolo e personalizá-la para todos nós, os ricos:

Se você for rico nesta vida, não seja arrogante e, por favor, não deposite sua esperança na riqueza. Ela é muito incerta. Em vez disso, deposite a esperança em Deus, que provê ricamente para sua satisfação. Faça o bem! Seja rico em boas obras! Seja generoso e disposto a compartilhar. Agindo assim, acumulará um tesouro para você mesmo que servirá como firme fundamento na era que há de vir. E não só isso: a generosidade altruísta permitirá a você ter a vida como ela foi feita para ser vivida.

E aí está como é ser rico!

Esta obra foi composta em *Goudy Old Style*
e impressa por Imprensa da Fé sobre papel
Offset 63 g/m² para Editora Vida.